추첨시민의회

이지문
박현지
지음

삶창

추첨시민의회

초판 1쇄 발행 2017년 6월 29일

지은이 이지문, 박현지
펴낸이 황규관

펴낸곳 삶창
출판등록 2010년 11월 30일 제2010-000168호
주소 서울 마포구 대흥로 84-6, 302호

전화 02-848-3097
팩스 02-848-3094
홈페이지 samchang.or.kr

*이 책은 2015년 대한민국 교육부와 한국연구재단의 지원을 받아
 수행된 연구임(NRF-2015S1A3A2046920).

추첨시민의회

이지문 · 박현지

삶창

'추첨시민의회', 생소한 이 용어는 저자가 2010년 손우정 박사와 함께 번역해 출간했던 책의 원제와 번역서 제목을 결합한 것입니다. 미국 하원을 추첨으로 구성하자는 내용의 『A Citizen Legislature』(Imprint Academic, 2008)의 원제를 '시민의회'로 직역하기 보다는 그 의미를 분명히 보여주는 '추첨민주주의'라는 새로운 용어를 만들어내 번역서의 제목으로 삼았습니다.

이 책을 번역할 당시만 해도 우리 사회에는 추첨을 통한 시민참여 제도에 대한 인식 자체가 상당히 부족하였습니다. 그러나 최근 들어 추첨민주주의라는 용어가 학계나 언론계에서 사용되기도 하고 아일랜드 헌법개정시민의회가 언론을 통해 알려지면서 이번 대통령 선거에서 정의당 심상정 후보는 헌법 개정을 시민의회 방식으로 하겠다고 공약을 내세우기도 하였습니다. 추첨시민의회 방식의 헌법 개정이 필요하다는 주장을 일간지 칼럼을 통해서 자연스럽게 만날 수 있는 등 불과 몇 년 사이 추첨시민의회에 대한 관심이 커진 것이 사실입니다. 저자가 공동집행위원장으로 참여하는 추첨민회네트워크에서는 '헌법개정안 마련을 위한 시민의회의 설치와 운영에 관한 법률안'을 정의당 윤소하 의원을 통해 입법청원하였으며, 우리 사회에 시민의회라는 화두를 처음 던진 경희

대 김상준 교수님이 참여하는 사단법인 다른백년에서는 추첨시민의회로 시리즈 강좌를 열기도 하는 등 시민사회 차원의 관심도 뜨겁습니다. 또한 시민의회 단계까지는 아니지만, 제주특별자치도에서는 주민자치위원회를 기존 위촉 방식에서 벗어나 자치학교 이수자 중에서 추첨을 통해 구성하는 조례를 만들어 올해부터 시행하는 등 작은 시도들이 나타나고 있습니다.

그러나 추첨 방식의 시민의회에 대한 거부감 역시 존재합니다. 추첨이라는 우연한 방식으로 선발하는 시민의원이 대표성을 가질 수 있느냐, 그 사람들이 시민의회에 부여된 역할을 제대로 수행할 수 있겠느냐는 의심이 남아 있습니다. 무엇보다도 추첨시민의회가 무엇인지에 대해 아직 잘 모르기 때문에 그 장단점에 대한 논의 자체 역시 부족한 감이 있습니다.

이 책은 추첨시민의회와 관련한 최근까지 연구 성과를 바탕으로 선거제도 개혁과 헌법 개정을 위한 추첨시민의회 방식의 외국 사례를 상세하게 소개하고 있습니다. 추첨시민의회가 무엇인지를 이론적으로 설명하는 것에서 그치지 않고 실제 실행된 사례를 자세히 소개함으로써 그에 대한 관심을 불러일으키고자 합니다. 또한 단순한 이론과 사례 소개를 넘어 우리나라에서 구체적으로 어떻게 실행해볼 수 있을지에 대한 제안을 담고 있습니다.

왜 우리는 추첨시민의회에 대해 관심을 가져야 할까요? 첫째는 '진정한 대표자는 누구여야 하는가?'라는 질문에 답을 하기 위함입니다. "선거는 귀족적이고, 추첨은 민주적이다"라는 아리스토텔레스의 가르침처럼 선거가 본질적으로 불평등해, 돈과 사회적 인지도를 갖춘 엘리트에 국한된 대표자를 선출하는 데 그친다면 평범한 시민들의 목소리를 제대로 반영하기 어려울 것입니다. 특히 공천권을 쥔 자에게 맹목적으로 충성하도록 만드는 지금과 같은 의원 선출 방식하에서는 시민들의 요구에 귀 기울이는 '진정한 대표자'를 기대하기 어렵습니다. 현실 정치의 보완 또는 대안으로서 '진정한 대표자'를 선출할 수 있는 방법은 무엇인가라는 질문을 거듭한 끝에 찾아낸 답이 바로 추첨시민의회였습니다.

둘째, 우리가 민주주의의 주인이라 자부할 만한 시민 덕성을 갖추었는지에 대해 반성적 성찰을 하기 위함입니다. 민주공화국인 대한민국에 태어났다고 해서, 보통 선거권이 부여되고 정기적 선거가 이루어지는 세상에 살고 있다 해서 자동적으로 민주 시민이 되는 것은 아니기 때문입니다. 바로 시민 덕성을 갖출 때 민주 시민이라고, 문명화된 진정한 시민이라고 할 수 있을 것입니다. 과연 우리가 언제 한번 당면 현안이나 정책 이슈에 대해 진지하게 논의하는 시간을 가져본 적이 있습니까? 그리고 그렇게 논의한 결과물이 실제 정치에 반영된 적이 있습니까? 저자가 번역 출간했던 『민주주의 구하기(원제 Saving Democracy)』에서 하버드대 매리 앤 글렌든(Mary Ann Glendon)교수는 "자기 통치는 심의, 타협, 합의 도출, 정중함, 근거 제시 등을 단지 요구할 뿐만 아니라 그것이 의미 있게 집행될 수 있는 공연장도 함께 요구한다"라 말합니다. 과연 우리에게 그러한 '공연장'이 주어진 적이 있습니까? 그렇지 못했기 때문에 우리는 단지 투표장에 나가 투표하는 것이 민주 시민으로서 할 수 있는 최선이라고 생각하고, 내가 선택한 후보의 당선만을 갈구하는 정치판의 구경꾼, 관객으로 전락한 것은 아닐까요? 정치 현안이나 정책 이슈에 관해 합당한 근거를 바탕으로 함께 심의하고, 설득하고, 타협함으로써 합의에 이를 수 있는 민주 시민의 덕성은 바로 그러한 시민 덕성을 훈련하고 경험할 수 있는 시민의회라는 '공연장'을 필요로 합니다. 평범한 시민들이 선거라는 제한적 수준의 참여에 그치지 않고 추첨을 통해 시민의회의 대표자가 될 때, 시민 덕성의 발휘는 일상화될 수 있습니다.

마지막으로, 여러 차례의 촛불집회에서 발현된 시민들의 목소리를 제도 정치의 장으로 끌어올리기 위함입니다. 중요한 사안이 있을 때 시민들은 집회나 시위를 통해 의사를 표현해 왔습니다. 무작정 촛불집회의 한계를 앞세워 비판하기보다는 이러한 사회운동을 어떻게 제도 정치로 가져올 수 있는가에 대한 진지한 고민이 필요한 때입니다. 추첨으로 구성하는 시민의회는 일상적인 사회운동의 제도 정치화를 가능케 하는 장치로서 기능할 수 있습니다. 추첨시민의회는 당리당략을 떠난 시민들이 이슈를 공정하게 심의하고 해결책을 내놓을 수 있다는 점에서 사회운동의 요구를 제도 정치에 즉각적으로 반영하는 기제가 될 수 있습니다. 또한 사회운동의 주체들은 추첨으로 선출된 의원들을 대상으로 다양한 이슈와 정책에 대해 의견을 제시하고 추동할 수 있기 때문에 제도 정치에 포섭되기보다는 그 본연의 역할을 강화할 수 있습니다. 시민의회를 통해 불필요한 갈등을 불러일으키지 않으면서 사회운동이 지향하는 목표를 제도 정치 내부로 밀어 넣을 수 있는 것입니다.

물론 추첨시민의회가 민주주의의 만병통치약은 아닙니다. 추첨시민의회 역시 잘못된 선택을 할 수 있을 것입니다. 능력과 책임에서 문제를 일으킬 수 있는 시민의원들도 분명 존재할 것입니다. 그러나 추첨시민의회는 우리 주위의 평범한 시민들이 실제 정치 현장에서 주체로 참여할 수 있는 기회를 제공함으로써 단지 구호뿐인 '깨어 있는 시민'이 아니라 자기 통치의 주체로, 민주주의의 참된 주인으로서의 국민주권을 실현 가능케 한다는 점에서 진지하게 고민해볼 가치가 있습니다.

대통령 탄핵 사태를 통해 다시 한 번 '제왕적' 대통령제에 대한 문제점이 지적되면서 '분권형' 대통령제에 대한 논의가 활발합니다. 대통령의 권력을 국회와 나누거나 총리와 그 권한을 나누는 방안이 그 중심을 이루고 있습니다. 이와 함께 중앙의 권력을 지방과 나누는 지방분권 역시 새 헌법에 담아야 한다는 주장이 제기되고 있습니다. 대통령의 권한 나누기, 즉 중앙에 집중된 권한 나누기와 더불어 가장 중요한 분권이 요구됩니다. 바로 제도 정치와 시민 사이의 분권입니다. 제도 정치가 독점해온 권력을 시민과 나누는 시민 정치의 제도화, 추첨시민의회의 실현이 그 방안이 될 수 있습니다. 추첨시민의회는 시민 정치의 일상화를 가능하게 합니다.

추첨시민의회라는 생소한 제안은 학계뿐 아니라 정치권, 시민사회에서도 주요한 이슈로 다루어지지 못했기 때문에 비판받을 지점이 있을 것입니다. 추첨시민의회에 대한 보다 건설적인 논의를 기대하는 마음에서 이 책을 펴냅니다.

끝으로 『추첨민주주의 강의』에 이어 수익성이 높지 않은 인문사회 분야의 글을 기꺼이 출판해주고 보기 좋게 편집해준 도서출판 삶창의 황규관 대표를 비롯한 편집진에게도 감사를 드립니다.

2017년 6월
저자들을 대표해 이지문

차 례

4장 추첨시민의회의 다양한 제안들

5장 한국에서 적용 가능한 추첨시민의회 제안

1장

대의민주주의의 한계,
그 대안으로서 참여민주주의

1. 대의민주주의의 한계

근대 민주주의는, 권력의 근원은 인민에게 있지만 직접적인 행사는 선거를 통해 권력을 위임받은 정부와 의회에 주어지는 대의민주주의라고 널리 인정되어 왔다(이동수 2010, 16~17). 그러나 대의민주주의는 '대표성의 부족', '참여의 부족', '공공선 결핍'으로 위기를 겪고 있다. 즉 기존의 대의제가 특정 사회경제적 배경을 지닌 계층을 소외시키고 정치엘리트 위주로 국한됨으로써 대리인과 위임자 사이의 괴리가 증가하고 있다. 이로 인해 유권자는 정치에 대한 냉소와 혐오증으로 선거에 불참하게 되고, 의회는 사회 전체 구성원을 위한 공동선보다는 강한 소수 집단의 이해관계 대변에 충실함으로써 인민주권(popular sovereignty) 이상의 구현에서 멀어지고 있다는 비판에 직면했다(김의영·이지문 2015, 5).

형식적으로 대의민주주의는 일정한 자격을 갖춘 모든 성인들에게 동등한 정치적 참정권을 부여하는 수준에 이르렀다. 그러나 선출된 대표에 의해 통치가 이루어지는 대의민주주의 현실에서 시민의 정치참여는 제한되었고, 그 결과 대중들의 정치적 무관심 속에서 선출된 대표들이 사적 이익을 추구하고 스스로 정치 계급이 되는 통치로 전락하기 십상이라는 어려움에 직면했다(정해구 2009, 400~1). 결국 "국민들은 그들의 대표자를 허용하는 순간 그들의 자유를 상실한다"는 루소(Rousseau)의 경고처럼 선거의 자유로 한정된 정치적 자유는 자유를 부여하는 동시에 자기 지배, 자치의 자유를 앗아가는 '자유의 딜레마'에 빠지게 된다. 바버(Barber)는, "대의제는 정치적으로 위임함으로써 개인들로부터 그들의 가치, 신념, 행위들에 대한 궁극적 책임을 빼앗아 진정한 자율 통치와 자율성을 희생시키고 국민들을 소외시키기 때문에 자유와 양립할 수 없다"고 단언한다. "공동의 심사숙고, 공동 결정, 공적 행위를 통하여 그들의 공동 삶을 결정하는 정책에 대해 직접적으로 책임질 수 없는 사람들은 안전, 사적 권리, 간섭으로부터 자유를 향유할지라도 실제적으로 자유롭지 못하다고 보고 있다"는 지적 또한 유효하다(바버 1992, 223~224). 이러한 현실에서는 투표의 가치가 평가절하 되어 투표율이 낮아지며, 자연스레 위임의 형식적 정당성마저 위기를 맞게 된다. 평상시에는 공동체의 의사결정에 직접 참여하지 않다가 선거 때만 정치에 참여하게 되면 민주 시민의 자질이 결여될 뿐 아니라 낮은 정치적 효능감으로 인한 선거 불참 및 비합리적 투표로 귀결될 수 있다는 패트먼(Pateman 1970)의 논의와도 이어진다(김의영·이지문 2015, 1~2).

이러한 '참여의 위기'는 '대표의 위기'로 이어진다. 다양한 집단은 대표자를 통해 그들의 이익과 의견을 정책 결정 과정에 전달하고 협의·조정 과정을 거치므로 제대로 내표되지 않는 집단은 정책 결정 과정에 참여한다고 할 수 없다. 따라서 정치적 대표성의 관점에서 보면, 정치 충원은 사회의 다양한 구성원들을 대표할 수 있어야 한다. 이러한 논의는 이익 대표성에 부합하기 위한 기술적(descriptive) 대표성의 확립을 전제한다. 이는 민주주의에서 대표자와 피지배자의 유사성 원칙이기도 하다. 그러나 현 20대 국회 경우 성별에서는 유권자 절반을 차지하는 여성 의원이 오직 17%, 연령별로는 유권자의 35%에 달하는 젊은 연령층(19세부터 40세) 의원은 3명으로 1%에 불과하다. 제18대 국회의원의 직업 및 경력을 살펴보면 법조인 출신이 60명으로 전체 국회의원의 20.1%로 가장 큰 비율을 차지하고 있으며, 다음으로 정당인(45명, 15.1%), 일반 공무원(42명, 14.0%), 언론인(36명, 12.0%) 순을 차지한다. 반면 노동자 출신은 3명(1%), 농민 출신 1명(0.3%)에 불과하였다. 이처럼 우리 국회에는 성별, 연령별, 직업별 대표성이 왜곡되어 나타나고 있으며, 지방자치 차원에서도 관변단체 출신을 비롯한 지역 토호세력들이 과다대표 되는 문제점을 보인다. 또 한 가지 간과할 수 없는 것은 정치적 이념 지형이 제대로 대표되지 못하는 보수 독점의 정치적 대표 체제의 문제이다(최장집 2008, 23). 이것은 단순히 기술적 대표성의 부족으로 끝나는 것이 아니라 과소 대표 되는 집단 및 계층의 이익을 정치에 반영하지 못하는 실질적 대표성 문제로 이어진다. 이는 특정 계층만을 대표하는 기술적 대표성의 위기에서 기인한 실질적 대표성의 위기로, 정치적 불평등의 귀결로 볼 수 있다.

'대표의 위기'는 필연적으로 '책임의 위기'로 이어진다. "정치공동체의 다양한 이해관계와 공익을 대표하고, 서로 상이한 입장들을 조정해 공공 정책을 결정하며, 국가권력의 자의적인 행사를 견제하고 감독하는 것"이라는 의회의 핵심 기능(서복경 2009, 160)은 공공선 추구라는 정치적 목표와 관련된다. 많은 학자들은 한국 대의민주주의 위기의 증거로 대표성 부족, 참여 부족과 함께 공공선 결핍을 꼽는다. 윤종빈(2008, 30)은 "'전체' 국민을 위해 작동되어야 함에도 불구하고 실제로는 '부분'의 이해관계에 따라 움직인다는 한계를 노출한다. 사회 전체 구성원을 위한 공공선 개념은 사라지고 강한 소수 집단의 이해관계 대변에만 충실하게 된다는 한계를 가지게 된다"라고 설명한다. 박명림(2009, 377)은 "한국의 최근 경우를 보더라도 환경, 복지, 교육, 의료, 미군기지 이전, 탄핵, 방사

성폐기물 처리장, 행정 수도 이전, FTA, 쇠고기 협상, 미디어 법 등에서 의회는 의견 수렴, 의사소통, 의제 해결 단계 모두에 걸쳐 무능함을 노출하고 있다"라고 지적한다. 이와 같은 의회의 무능력은 무엇보다 정파, 지역구 및 이익 단체의 이해관계에 매몰되는 현실적 결함으로부터 기인한다. 이는 또한 일반 시민이 아닌 엘리트 위주의 정치 충원으로 인해 정치 과정에서 사회 전반이 소외된 결과로도 이해할 수 있다. 이렇게 정치 무대에서 외면받은 유권자들의 정치적 소외감이 커질수록 투표율은 떨어지게 되며, 투표율 저하는 곧 '참여의 위기'와 직결된다(이지문 2012, 28~29).

2. '시민'의 부상과 참여민주주의의 대두

대의민주주의의 결함은 시민들이 자신의 집단적 운명에 목소리를 낼 수 있는 채널이 부재한 현실과 그에 따른 정치적 무관심의 팽배함에 기인한다(주성수 2006, 42~3). 그 결과 일반 대중은 생산적이고 능동적인 정책 결정의 참가자이기보다는 소비적이고 수동적인 수혜자로 전락하기 쉽다. 즉, 정치를 주체적 관여의 문제가 아니라 흥미의 대상으로 바라보는 관객민주주의로 귀결될 위험이 덩달아 높아지게 된 것이다(강석찬 2008, 278~279). 이처럼 대의민주주의하에서 시민의 모습은 투표하지 않는 '무관심한' 시민, 정부와 정치에서 소외된 '무력한' 시민, 그리고 정치인, 이익집단, 언론에 '제 자리를 빼앗긴' 시민 등 다분히 부정적인 모습으로 그려져 왔다. 특히 능동적 '시민'보다 수동적 '고객' 또는 '소비자'가 더 많은 것이 문제로 부각된다(주성수 2006, 24). 이처럼 시민들은 진정한 민주 시민으로 역할하기보다는 수동적인 객체로 전락하여 시민 덕성을 함양할 의지와 기회를 상실하고 있다는 비판에 직면하였다. 결국 대의민주주의, 다시 말해 위임민주주의는 대중들의 정치 참여를 제한하는 형태로 발현되어 정치적 무의미와 정치적 무기력을 증대시켰다(진영재 2010, 398-399). 일부 자유주의적 대의민주주의자들은 민주주의 과잉으로부터 자유주의적 가치들을 지키는 것이 더 중요하다고 주장하기도 한다. 이러한 주장은 일반 시민의 경우 정치적으로 수동적일 뿐만 아니라 공적인 문제에 대해 그다지 관심이 없는 반면, 상층 계급들이 노동자나 빈민들에 비해 민주주의에 더 투철한 지지를 보낸다는 경험적 연구를 바탕으로 한다. 그러나 엘리아소프(Eliasoph 1998)는 정치적 무관심은 타고난 시민의 습성이라기보다는 사회적으로 만들어진 엘리트 민주주의의 결과물이라 주장한다. 만약 시민들에게 공동체 의사결정에 보다 큰 접근을 허용하여 참여를 증가시킨다면, 정치참여의 경험은 자연스러운 정치교육으로 이어진다는 것이다. 이러한 기대는 지금과 같은 엘리트 중심의 정치 지형에서 탈피하여 시민을 공공 정책에 참여시키는 새로운 접근법, 시민참여를 위한 정치 무대의 필요성으로 이어진다. 이것은 "시민 덕성을 고취할 참여적 제도를 마련하는 것에 대해서는 침묵하면서 이른바 시민의식의 제고만을 주문하는 것은 공염불"이라는 김상준(2009, 291)의 문제 제기와도 닿아 있다(김의영·이지문 2015, 2~3).

이러한 문제 인식의 연장선상에서 발견되는 두드러진 특징 중 하나는 정치 주체로서 '시민'의 부상이다. 이러한 역설적 현상은 팽배한 정치적 소외를 넘어서기 위한 시민적 노력으로, 투표라는 소극적인 정치적 의사 표현을 넘어 다양한 경로를 통해 보다 능동적이고 직접적인 형태로 목소리를 내기 시작했음을 보여준다. 광장민주주의 차원의 촛불집회라는 거대한 시민참여뿐만 아니라 민주도정협의회, 공동시정위원회, 구정협의체 등의 지방자치단체 차원에서의 거버넌스 실험들은 이러한 변화의 추이를 단적으로 보여준다. 촛불집회를 통해 대통령 탄핵을 이끌어냄으로써 국민투표, 국민발안, 국민소환을 헌법에 반영하자는 논의가 이어지고 있다는 점과, 제도 정치와 시민 정치 양측 모두가 당위적 차원을 넘어 실질적인 협력 방안을 모색하고 있다는 점은 시민참여 제도가 앞으로 더욱 심화될 것이라는 예측을 낳게 한다.

요컨대 대의민주주의의 위기를 극복하기 위해 다양한 민주주의 이론이 대두하는 가운데 특히 시민의 정치 참여를 활성화시켜 대의민주주의를 극복하고자 하는 움직임인 참여민주주의 논의가 활발히 이루어지고 있다.

3. 참여민주주의에 관한 다양한 논의들[1]

대의민주주의를 부정하지 않음과 동시에 그 한계를 직시하여 참여적 가치를 도입하려는 참여민주주의 차원의 접근은 다양한 방식으로 나타난다. 시민의 직접적인 참여 기제를 도입하는 직접민주주의제 방식, 시민들의 신중한 심사숙고와 토의에 초점을 맞춘 심의민주주의, 최근 컴퓨터를 기반으로 하는 정보통신과 인터넷 기술의 발달에 따라 실현 가능성이 높아진 전자민주주의, 그리고 NGO 등 자발적인 결사체들의 역할을 중시하는 결사체민주주의 등을 참여민주주의의 행태로 이해할 수 있다(주성수 2006, 22). 여기에 추가적으로 풀뿌리민주주의를 포함시키고자 한다. 따라서 참여민주주의는 "대의 정부하에서 시민들이 직접

---

[1] 다음 논의하는 '참여민주주의의 다양한 논의와 비판'은 이지문(2012, 34~43)을 정리한 것이다.

공적인 집무를 담당하지 않더라도 정치 과정에 적극적인 관심을 갖고 참여함으로써 민주주의를 활성화시키는 것을 목표로 하는 체제"라 정의할 수 있다(이동수 2005, 24).

보다 자세하게 살펴보면, 첫째, 국민투표와 국민발안, 국민소환과 같은 직접민주주의 기제를 도입하자는 차원이다. 이것은 직접민주주의로 이해되기도 하나,[2] 대의민주주의를 전제로 하기 때문에 이 책에서는 엄밀한 의미에서 직접민주주의로 인식하지 않는다. 직접민주주의의 의미는 김종서의 다음 논의에서 찾아볼 수 있다. 그는 현재 국민주권을 실현할 수 있는 제도적 장치가 거의 존재하지 않는다면서 국민이 실질적으로 주권을 행사할 수 있는 새로운 시스템, 새로운 제도, 새로운 헌정체제가 구축돼야 한다고 주장한다. 구체적인 제도적 대안으로 국민발안과 국민투표, 국민소환 제도 등을 제시한 바 있다(김종서 2008).

둘째, 심의민주주의 차원이다.[3] 이것은 시민들의 자발적인 참여에 의해 개방적이고 신중한 토의를 전제로 하는 것으로, 정치적 대표자들이 의사결정을 독점하는 것과 달리 자유롭고 평등한 시민들 간의 이성적 토론을 통해 집단적 결정을 내리며 이를 정책에 적극적으로 반영하는 것이다(양진석 2006, 51~52; 오현철 2006, 102; 주성수 2006, 59). 예를 들

2　주성수(2009, 15; 17)는 "오늘날 직접민주주의는 순수한 '직접' 형태가 아니라 대의민주제와 '혼합' 형태로 존재한다면서, 시민들은 국가(지방) 차원에서 국민(주민)발안이나 국민(주민)투표 등 직접민주주의 제도를 통해 서로 토의하며 투표에 참가해 의사결정의 주체가 되는 직접민주주의를 추구한다"고 보는 경우가 대표적이다.

3　'deliberation'을 심의(審議), 숙의(熟議), 토의(討議), 토론(討論) 등으로 번역하고 있으나, 이 책에서는 '심의'를 사용한다. 이와 관련하여 김상준(2007, 152 각주 3)은 심의를 가장 포괄적이고 적합한 번역어로 생각하는 이유에 대해서, deliberation이 논의뿐만 아니라 결정까지를 포함하는 개념이고, 이를 담은 번역어가 심의이기 때문이라고 제시한다.

어 양진석(2006, 47~73)은 지방정부 차원에서 해당 지방정부와 지역 시민단체 간의 정책 토론 공청회를 개최하고 참관한 시민들이 객관적이고 합리적인 여론 형성을 기반으로 정책결정에 심대한 영향을 발휘하는 등의 제도가 마련되어야 한다고 주장한다. 이어 국가 차원에서는 국회 청문회나 공청회 제도의 활성화를 통해 이해관계자나 민간 전문가들의 합리적 의견을 충분히 반영하여 입법이 이루어져야 할 것을 제시한다.

셋째, 새로운 참여민주주의의 비전으로 부각되고 있는 전자민주주의 차원이다. 전자민주주의는 사이버 민주주의(cyber democracy), 온라인 민주주의(on-line democracy), 디지털 민주주의(digital democracy) 등 다양한 이름을 갖고 있으며 직접민주주의 차원부터 대의민주주의 내 투표율 제고 차원의 전자 투표, 인터넷 공간을 통한 대표자들과의 소통, 전자 공청회 차원의 대의민주주의 보완, 인터넷상에서 심의민주주의 실현 등 그 활용에 있어서도 다채롭다. 여기서는 참여민주주의 차원으로 전자민주주의에 접근하여, 정보통신 기술, 특히 인터넷의 발달을 바탕으로 국민들로 하여금 정치나 정책결정에의 참여를 용이하게 하고, 더 나아가 각종 정책결정에 정책결정자와 국민들 사이의 상호 의견 교환을 한층 더 효율적으로 실현해나갈 수 있는 정보화 시대의 민주주의로 접근한다(조영재 2006, 158~165; 정철현 2006, 215; 219).

넷째, 결사체민주주의 차원이다. 결사체란 개인, 가족, 국가, 시장, 자연 등의 여러 형태 공동체와 구분되는 자발성에 기초한 사회집단으로, 개인이나 가족을 국가에 연결시켜주는 매개 조직으로 정의된다(정상호 2006, 124). 김의영(2005, 433~455)은 정당 및 지역적 대표의 원칙에 기초하고 있으나 간헐적으로 이루어지는 선거와 고도로 집약된 정당의 정책 프로그램만으로 사회 구성원들의 다양한 이익과 가치들을 적절히 대표할 수 없다는 데서 대의민주주의의 한계를 찾는다. 또한 바로 여기에 기능적 대표 원칙에 기초한 이익집단 정치가 대의민주주의를 보완할 수 있는 여지가 있어 보이나 특수 이익을 대표하는 이익집단 정치는 전체 사회의 일반 이익을 무시하는 경향이 있어 폐해가 크다는 데에 딜레마가 있다고 인식한다. 이러한 폐해를 막을 수 있는 모델로서 결사체, 특히 시민결사체 민주주의를 주장한다.

다섯째, 풀뿌리민주주의 차원이다. 풀뿌리민주주의가 지방 민주주의, 공동체 민주주의 또는 마을 민주주의 등으로 표현되는 것에서 볼 수 있듯이 그 공통점은 소규모 공동체에서 실질적인 민주주의의 실현 가능성이 높다는 가설이며, 이는 토크빌(Tocqueville) 등이 민주주의의 비전으로 삼았던 뉴잉글랜드 타운, 스위스의 코뮌과 같은 자치 공동체에서 확인되었다. 현대에 와서도 시민의 직접 참여로 가능한 직접민주주의 제도가 풀뿌리, 지방 또는 마을 민주주의의 전통을 계승하고 있다(주성수 2005, 15). 염정민(2005, 37~68)은 정치적 행위 공간의 소멸과 이에 따른 정치적 주체의 소외와 배제라는 측면에서 대의민주주의를 비판하면서 아래로부터의 권력 형성과 시민의 직접 참여라는 '참여민주주의', 그리고 지역 단위 풀뿌리 차원의 공론의 장을 통한 의사결정과 영향력 확보라는 '심의민주주의'를 풀뿌리민주주의의 이론적 자원으로 설정하였다. 동시에 풀뿌리민주주의의 실현 가능 조건으로 정치 행위 측면에서 참여, 심의, 소통의 확대와 정치적 장으로서 분권과 공론의 장 확장, 그리고 '정치 주체'로서 능동적 자기 결정권과 자치를 실현할 수 있는 새로운 시민의 등장이 필요함을 강조한다.

4. 기존 참여민주주의 논의에 대한 비판

이상에서 살펴본 것처럼 참여민주주의 논의들로는 참여민주주의적 측면에서의 직접민주주의적 기제 도입이나 심의 · 전자 · 결사체 · 풀뿌리민주주의를 통한 국민의 보다 직접적인 참여를 이끌어내는 방안 등이 있다. 이들 참여민주주의는 대의민주주의의 한계를 보완하고 민주주의를 심화할 수 있는 도구로 활용 가능할 것으로 기대할 수 있으나 그 유용성과 함께 본질적 한계 역시 내재하고 있다.

첫째, 국민투표와 국민발안과 같은 직접민주주의적 기제를 도입하는 방안은 투표 참여로 제한된 정치 참여를 확장하고 중요 이슈에 대해 일정 정도 결정권을 부여한다는 점에서 자기 통치의 자유와 부합한다. 아울러 해당 이슈에 대한 정치적 관심을 제고할 수 있다는 점에서 시민 덕성에도 기여할 것으로 예상된다. 또한 대표자들에게 전적으로 위임함으로써 왜곡될 수 있는 이슈들에 대해 공공선에 입각한 결정의 여지를 준다는 점에서 긍정적으로 볼 수 있다. 그러나 국민투표의 경우 지금처럼 국가가 정한 의제로 국한되지 않고 국민 일정 수 이상의 서명으로 국민투표에 부의한다고 하더라도, 정보 획득의 불일치 및 시간 제약으로 인해 깊이 있는 심의에 기반을 둔 의사결정을 추구하는 것이 현실석으로 불가능하다. 때문에 올바른 선택을 통한 공공선 추구에 문제가 될 수 있으며, 단순한 찬반 논쟁은 오히려 갈등을 증폭시킬 수 있다. 한편 미국의 주민발안 시행에서도 목격되듯 국민발안의 도입은 특수 이익집단이 막대한 자금을 투입하여 서명을 받거나 투표에서 유리한 입지를 점함으로써 본질을 훼손시킬 수 있다는 우려를 불러일으킬 수 있다. 또한 국민투표와 국민발안 역시 선거와 마찬가지로 낮은 투표율로 인한 참여의 위기가 재현될 수 있다는 사실을 고려해야 할 것이다. 민주주의가 심화되기보다는 오히려 협소하고 옅은 민주주의로 전락할 위험을 동시에 안고 있다.

둘째, 심의민주주의는 직접민주주의적 기제에 결여된 '심의'를 기반으로 한다는 점에서 공공선 추구에 보다 부합하며, 참여를 통한 학습경험으로 시민 덕성 발달을 촉진할 수 있다. 또한 이해 당사자가 심의를 포함하여 결정에 이르는 과정에 포함된다는 점에서 통합의 가치를 실현하는 데 기여할 수 있다. 그러나 가장 본질적인 문제는 자발적 참여와 자문 수준의 한계에서 오는 대표성과 관련되며, 더욱이 실제 권력을 쥔 최종 정책결정 차원이 아니기 때문에 자기 결정의 자유라는 관점에서 볼 때 본질적 한계를 지닌다.

셋째, 다양한 방식으로 발현될 수 있는 전자민주주의는 무엇보다 시민의 의사를 직접적으로 반영할 수 있다는 강점을 가진 동시에 평등을 심각하게 훼손할 수 있다는 우려를 동반한다. 이 비판의 핵심 개념은 인구학적 가치에 따라 발생하는 정보기술의 불평등을 의미하는 '디지털 격차'(digital divide)로, 정보통신 기술이 발전할수록 더욱 확대되는 특징을 가진다(Mossberger et al. 2003). 디지털 격차로 말미암아 정치 관련 정보를 획득하거나 인터넷 투표 또는 전자 공론장에 참여할 기회가 불평등해지는 문제가 발생할 수 있다. 또한 심의민주주의자들의 기대와 달리 인터넷 공간이 사려 깊은 상호작용을 만들거나 공적 결론을 이끌기보다는 상호 비방과 무책임한 정치 공세를 매개하는 통로로 전락함으로써 시민 덕성을 배양하기보다는 감소·해체시킬 수 있다(조영재 2006, 167).

넷째, 토크빌이 '결사의 예술'이라고 강조한 데서 볼 수 있듯 결사체민주주의는 무엇보다 시민 덕성 발달에 기여하는 민주주의의 교육장으로 기능할 수 있다는 의의를 지닌다. 한편 공공선 추구를 저해하는 이익 단체 차원의 결사체들이 빚는 폐해는 차치하고서라도 결사체 사이의 영향력 차이에서 오는 불평등, 결사체에 참여하는 구성원이 고소득 및 고학력 계층에 집중된다는 데서 오는 불평등은 무시하기 어렵다. 전적인 예로 한국의 NGO는 교수와 변호사 등 전문직 종사자와 시민운동가에 의해서 주도되고 있다는 한계가 존재한다.

다섯째, 풀뿌리민주주의는 강력한 중앙집중형 통치 구조의 그늘을 거두고 제도 정치의 틀에 갇혀 있는 민주주의를 시민사회의 구체적인 생활세계 영역까지 확장한다는 점에서 많은 가능성과 시사점을 내포하고 있으며(주성수 2005, 2) 참여와 심의를 통한 능동적 시민을 창출할 수 있다는 점에서 의의를 가진다. 그러나 풀뿌리민주주의가 본래의 의미인 심의를 통한 시민참여가 아닌 제도 정치 중심으로 왜곡되었을 뿐 아니라 이마저도 정상적으로 작동하지 못하고 있는 실정이다. 지방자치의 대표들이 지역 토호 및 관변단체 위주의 40~50대 남성 위주로 구성됨으로 인해 대표성의 문제가 발생하고 있으며 주민발안을 통해 급식 조례 제정과 같은 성과가 있었지만 주민발안, 주민투표, 주민소환과 같은 직접민주주의의 기제들이 아직 활성화되지는 못하고 있다.

이상 논의한 참여민주주의들은 정도의 차이는 있지만 참여를 통한 자기 결정의 자유와 시민 덕성 발전의 측면에서 가능성을 보인다. 하지만 '자발적 참여' 위수라는 점에서 대표성 문제가 발생하며 무엇보다 결정 권력을 가지지 못한다는 점에서 대의민주주의의 폐해를 극복하는 데 분명한 한계를 보인다.

바로 이 점에서 참여민주주의의 또 다른 형태인 추첨민주주의 차원에서 시민의회를 모색할 필요가 있다. 추첨을 통해 구성한 시민의회는 기존 대의민주주의의 한계를 보완함과 동시에 평등한 참여와 심도 있는 심의를 보장하는 시민참여 제도로 유용하게 활용될 수 있기 때문이다.

2장

이론적 배경으로서
미니공중과 추첨

추첨시민의회의 구체적 해외 사례들과 한국 도입 제안에 앞서 그 이론적 배경이 되는 미니공중과 추첨에 대해 살펴보고자 한다.

1. 미니공중(mini-publics)[4]

지난 30년 동안 심의민주주의 차원의 시민참여 제도가 시민배심 (Citizen Jury), 합의회의(Consensus Conference), 기획배심(Planning Cell), 공론조사(Deliberative Poll)라는 이름으로 전 세계적으로 실행되고 있다.[5]

---

4 '미니공중'(mini-publics)은 달(Dahl, 1989)의 'mini-populus'에서 가져온 개념 으로, 한국 번역본에는 '소인구 집단'로 되어 있다. 구딘 등(Goodin & Dryzek 2006)은 시민배심, 합의회의와 같은 민주적 혁신을 가져온 제도를 집합적으로 '미 니공중'(mini-publics)이라고 칭한다. 오현철(2009)은 이것을 '작은 공중'으로 번 역하고 있다. 이 책에서는 '작은'이라는 단어가 주는 의미 등을 고려해 영어 그대 로 '미니'로 사용해 '미니공중'으로 통일해 사용한다. 다음 논의는 김의영·이지문 (2015, 8~12)를 정리하였다.
5 무작위로 선발된 12-24명이 시민배심원이 되어 공공 현안에 관해 전문가들에게 정 책 질의를 하고 심의 과정을 거쳐 정책 제안을 하는 시민배심, 보통 16명의 비전문 가인 일반시민을 무작위로 선출해 특정 이슈에 관한 의견을 제시한 뒤 심의를 거 쳐 일치된 의견을 모색하는 합의회의, 무작위로 선발된 약 25명의 시민그룹을 일 반적으로 6-10개 구성한 뒤 간격을 두고 공공 과제의 해결책을 모색하는 기획배

구딘 등(Goodin & Dryzek 2006)은 이러한 민주적 혁신을 가져온 제도를 집합적으로 '미니공중'이라고 칭한다.

이 개념의 선구적 설계자인 달(Dahl)은 다음과 같이 소인구 집단 (mini-populus)을 제안한다. 달은 현대 대의민주주의 체제인 다두정치 (多頭政治, polyarchy)[6]가 '인민에 의한 지배'에 좀 더 가까이 혹은 좀 더 훌륭하게 근접할 수 있도록 민주화되는 데 도움이 될 만한 제도적 개혁 으로 고대 민주주의의 방편이었던 추첨을 부활시킬 것을 제안한다. 즉, 추첨을 대도시의 시장, 장관, 상·하원 의원 그리고 대통령에 이르기까지 거대한 다두정치 체제의 선출직 공무원들을 보조할 각각의 자문위원회 들을 뽑는 데 사용하자고 제시한다. 각 자문위원회는 기백 명의 위원들 로 구성하되 그들은 무작위성(randomness)이 보장되도록 근래의 표본 조사에서 사용되는 것과 꼭 같은 절차를 통해서 선발하고, 한 해 동안 직책에 임한 사람은 다음 해에는 뽑히지 않도록 하며, 가끔 회의를 소집 하되 일 년에 수 주일을 넘지 않도록 한다(Dahl 1970). 그는 1989년에 더 나아가 다음과 같이 미니공중을 직접적으로 제안한다. 오늘날 민주주

심, 일반 여론조사 방식으로 먼저 샘플링을 거쳐 주어진 사안에 관한 질문을 하 고, 질문 결과를 수집한 다음 샘플링에 참여한 사람들 중 대표를 선발해 심의 모 임에 초청한 뒤 찬반 토론 등 공개 심의를 거쳐 다시 설문조사를 해 최종 의견을 수렴하는 공론조사 등이 있다. 이들 시민참여 제도의 구체적 내용은 이지문(2012, 185~198)을 참고하라.

6 달은 현대 대의민주주의 정치제도가 역사적으로 독특하기 때문에 새로운 명칭을 부여하는 것이 편리하다며, 1953년 현대적 형태의 대규모 민주주의 정치를 다두 민주주의 체제라 부르기 시작했다. 이는 '다수에 의한 통치'로, 19세기에서와 같이 제한된 선거권을 채택하고 있는 대의민주주의 정치와도 다르며, 정당과 정치조직 을 형성할 수 있는 권리, 조직화된 이익 단체 등과 같은 것이 결여되어 있는 구 민 주주의 체제나 공화적 정치제도와도 다르다. 또한 단위가 작아서 구성원들이 직 접 회합하여 정책과 법을 만드는(또는 권고하는) 민주주의와 다르다고 하였다(달 2006, 126~127).

의는 정책 엘리트들에 의한 사실상의 의사(疑似) 수호자주의 체제로 대체되었으나 이들 정책 엘리트들은 공공 문제에 대한 결정에 있어서 도덕적으로 우월하거나 어떤 것이 공공선인가에 대해 더 구체적으로 우월한 지식을 갖고 있다고 단정할 수 없다. 오히려 공공선이라는 명목으로 자신들의 협소한 관료적·제도적·조직적·집단적 이익을 증진시키려 하며 대중의 시선과 판단에 구속되지 않으면 않을수록 권력의 유혹에 의해 그들이 부패할 가능성은 더 높아질 것이라고 본다. 이처럼 선진 민주주의 국가가 사실상 의사 수호자들에 의한 통치로 나아가는 것을 통제하기 위해서, 전체 '데모스(demos)'[7]에서 무작위로 선출한 대략 천 명의 시민들로 구성되는 미니공중 창출을 제안한다. 그는 참여민주주의 옹호자들이 주장하는 것처럼 원거리 통신의 발전이 참여를 용이하게 할 수 있을지라도 적절한 이해 없이 하는 투표는 이익 증진을 보장할 수 없는 한계가 있다고 봤다. 또한 모든 시민이 주요 쟁점에 대한 정보를 지니고 능동적으로 참여하는 것은 아니기 때문에 더 넓은 대중, 즉 데모스 자신의 정보에 근거한 판단을 대표할 수 있는 '관심 있는 대중'(attentive public)이 요청된다고 주장한다. 임무는 대략 일 년 동안 하나의 쟁점에 대해 숙고하고 선택한 바를 발표하는 것이다. 미니공중 구성원들은 원거리 통신을 통해 만날 수 있다. 하나의 미니공중은 쟁점들의 의제에 대해 결정할 수 있고 다른 미니공중은 하나의 주요 쟁점에 관심을 기울일 수도 있다. 따라서 미니공중은 의제의 주요 쟁점에 따라 하나씩 존재할 수 있으며 또한 모든 수준의 정부(전국, 주, 지방)에 각각 존재할 수 있다. 이것은 (다시 원거리 통신에 의하여) 학자나 전문가들로 이루어진 자

---

7 시민의 집합체는 데모스(demos), 포퓰루스(populus), 시민체(citizen body)를 이룬다(Dahl, 1989: 217).

문위원회 그리고 행정 참모들의 조력을 얻을 수 있고 청문회, 위원회 조사 등을 할 수 있으며 논쟁과 토론에 참여할 수도 있다. 이 결과 미니공중의 판단은 데모스의 판단을 '대표'하게 된다. 만약 데모스가 목표 달성을 위한 어떤 결정에 이용 가능한 최선의 지식을 얻을 수 있었다면, 미니공중의 의견은 데모스 자신의 의견이 될 것이기 때문에 미니 공중의 판단의 권위는 민주주의의 정통성으로부터 도출된다고 주장한다(Dahl 1989).

오현철(2009, 259~260)은 미니공중의 의미를 다음과 같이 설명한다. 대의민주주의에 대한 대안을 추구할 때 직접민주주의적 접근 방법을 취하면, 그 관점은 시민들의 폭넓은 '참여'에서 민주적 정당성을 판단한다. 반면 심의민주주의적 접근은 시민들의 치열한 '논쟁'을 강조한다. 폭넓은 참여와 깊이 있는 심의는 양립하기 어렵다. 그 이유는 대다수 사람들에게는 깊이 있는 토론에 참여할 시간이 없기 때문이다. 이와 같은 이유로 깊이 있는 심의는 전체 시민사회가 아닌 소규모 심의 포럼에서만 현실적으로 가능하다. 여기서 작지만 깊이 있는 심의가 가능하여 진정으로 민주적 대표성을 보유하는 심의 포럼인 미니공중이 요청되는 것이다. 이러한 미니공중은 기존의 이익집단이나 계급처럼 당파적이고 동질적인 이익에 기반을 둔 주체가 아니라 비당파적이고 공적인 관점을 지닌 주체라는 섬에서 현대 민주주의의 새로운 주체로 등장하였으며, 다양한 프로그램들이 전 세계적으로 활성화되고 있다.

2. 추첨(Sortition)

미니공중이 자원(自願)에 의해 충원될 경우 참여 편향성을 보이므로 현실 세계의 인적 구성의 축소판이라 할 수 있는 달(Dahl)의 소우주와 다르기 때문에 구딘 등은 미니공중의 '민주적 대표성'을 강조한다. 즉 민주적 대표성을 담보하는 소우주적 미니공중은 '무작위 선택 기법'을 사용해 선택되는데, 여기서 '무작위 선택 기법'이란 추첨을 의미한다.[8]

추첨은 고대 아테네의 민주주의에서 공직자들을 임명하는 핵심 방법이었으며, 직접민주주의의 근간을 이루던 메커니즘이었다. 직접민주주의의 원형이라 불리는 고대 아테네 경우 민회가 모든 중요한 정치권력을 행사했다고 이해하고 있다. 그러나 아테네 정부의 주요한 네 개 기관 중 세 곳인 평의회, 시민법정, 행정관이 중요한 정치적 기능을 수행했으며, 그 구성원들을 선택하는 데 폭넓게 추첨이 사용되었다. 대략 700명의 행정관 중에서 100명 정도 되는 군사 지도자들과 재정 관리와 관련되는 특정한 공직자들만이 선거로 선출됐을 뿐이다(마넹 2007, 41; Aristotle 2010, 43.1; Hansen 1991, 233; Dowlen 2008a, 235; Dowlen 2008b, 32). 즉, 민회가 수행하지 않은 대부분의 기능이 추첨을 통해 선출된 시민들에게 위탁되었으며, 이것이 아테네 민주정과 오늘날 대의정과의 본질적 차이로 아테네 민주주의의 가장 독특한 특징이었다(마넹 2007, 25~6). 아테네의 '추첨-정체'(lot-polity)는 기원전 594년 솔론(Solon)부터 기원전 322년 마케도니아에 의해 아테네 민주주의의 붕괴에 이르기까지 일정 수준의 변화는 있었지만 거의 300년 동안 유지되었다(Dowlen 2008a, 31). 고대 아테네 정치기구와 구성 방식은 정리하면 다음과 같다.[9]

---

8 추첨에 대한 보다 자세한 학문적 논의는 이지문(2012)을 참조하라.
9 마넹(2007, 23~42)을 정리하였다.

〈표 1〉 고대 아테네 정치기구와 구성 방식

민회	아테네의 최고 결정 권한을 소유한 기관. 1년에 40회 이상 회합. 공공질서 유지에 관한 법적 틀, 재정, 직접 과세, 도편추방, 대외 업무 등과 같은 주요 의제들의 심의와 결정.	전체 시민으로 구성 (정족수 6천 명)
평의회	민회의 집행위원회 겸 운영위원회 역할을 담당. 실질적인 최고 통치체로 활동.	30세 이상 위원 500명으로 구성되며 추첨을 통해 임명. 임기는 1년이며 평생 동안 두 번 이상 임명 불가.
시민 법정	민회와 평의회의 법과 칙령에 따라 사건 심리. 법률적인 해석만이 아니라 정치적 기능 수행.	매년 30세 이상의 지원자 중 6천 명 추첨 후, 이들 중에서 재추첨을 통해 재판 배정.
행정관	민회의 의제 준비 및 소송에 앞선 예비 심사. 법정 소집 및 주관하며, 민회와 법정에서 내려진 결정 시행. 정치적 결정 권한은 민회와 법정에 속한 것이기 때문에 행정관에게는 결정적인 권력 없음.	대략 700명의 행정관(임기 1년) 중에서 600명 정도는 추첨으로 선출(동일 직책에 재임명 불가). 군사 및 재정 담당 약 100명은 선거로 선출(연임 제한 없음).

추첨을 통한 공직 배정이 아테네 직접민주주의의 핵심이었다. 즉, 모든 시민이 참여하는 것은 아니고 추첨을 통해 선택된 사람들만이 '직접' 공직에 참여했지만 선택되지 않은 다른 시민들은 이들에 의해서 '대의'된다. 이는 결국 선거와 달리 선택될 수 있는 동등한 가능성이 누구에게나 있다는 점과 시민 중에서 추첨이라는 수단을 통해 직접적으로 공직을 맡을 이들이 선택되기 때문에 '직접성'을 가지면서도, 선택된 이들이 전체 시민의 의사를 대변한다는 점에서 '대의성'을 또한 가지게 된다. 대표자가 있다는 점에서 대의민주주의의 성격을 갖고 있지만 대표자를 시민으로부터 추첨 방식을 통해 '직접' 선택한다는 점에서 직접민주주의를 포괄하고 있는 것이다.

아테네가 추첨을 사용한 이유로 다음을 제시할 수 있다.[10] 첫째, "추첨에 의한 선출은 기회의 평등을 이상으로부터 현실로 전환시켰다"라는 핀리(Finley 1973, 77)의 논평처럼 아테네인이 추첨을 광범위하게 사용한 가장 중요한 이유로 정치적 평등이라는 미덕에 대한 민주적 약속의 표현 차원에서 제시된다. 민주주의의 고유한 정의는 정치적 공직을 포함한 사회적 재화들이 모든 자유 시민들 사이에 동등하게 배분되어야 한다는 것이다(Mulgan 1984, 545). 나아가 시민들이 통치 업무에 대해 동등한 몫을 갖는 '산술적 평등'은 원칙상 공직을 맡을 동등한 기회가 있을 때 가능하다는 점에서 추첨이 이러한 평등을 보장해준다는 것이다(헬드 2010, 43). 다만 아테네에서 추첨을 통해 획득된 평등은 재능과 노력에 따라 관직을 분배하는 것이 아니기 때문에 기회의 평등과는 분명히 다르며, 모두에게 동일한 몫을 주는 것도 아니어서 결과의 평등이 아닌 '어떤 것을 가질 수 있는 균등한 가능성'이라는 의미에서의 평등이었다. 즉, 추첨을 통해 동일하게 배분되었던 것은 권력이 아니라, 바로 권력을 가질 수 있는 (수학적) 확률이었다. 반면 선거는 그와 같은 평등을 보장할 수 없으리라는 직관을 아테네인들은 가지고 있었다(마넹 2007, 53~54 ; 59~61). 이 점에서 추첨은 바로 민주주의적 선출 방법으로 묘사된 반면, 선거는 다소 과두정치나 귀족주의적인 것으로 파악하였다(마넹 2007, 44~45).

둘째, 추첨이 특히 관직 교대 원칙과 결합함으로써 자유 측면에서도 중요한 의미를 갖는다. 개인이 정치체제의 근본적 원칙 수립의 주체가 되는 것을 '자유'로 인식할 때(장동진 2001, 77) 아테네에서는 모든 시민이 그러한 자유를 누리고 있었다. 왜냐하면 교대와 결합한 추첨의 결과 30세 이상 시민이라면 일생 동안 적어도 한 번 이상 관직을 보

---

[10] 다음 논의는 이지문(2012, 114~118)을 정리한 것이다.

유할 것으로 기대되기 때문이다. 아리스토텔레스(Aristotle)는 '민주정의 기본원칙'인 자유가 취해야 할 두 가지 형태 가운데 하나로 "다스리고 또 다스림을 받는 것을 번갈아 하는 것이다"(Aristotle 1981, VI, 2 1317a 40~1317b2)라고 정의하고 있다. 이처럼 번갈아 하는 통치와 복종을 통해 시민의 덕 혹은 탁월함이 나타나며,[11] 시민에게 핵심적인 이 두 능력은 역할 교대를 통해 배우게 된다고 하였다.[12] 아울러 통치와 복종을 번갈아 하는 것은 좋은 정부를 얻기 위한 수단이기도 하다. 명령을 내리는 사람이 그 전에는 명령에 복종했던 사람이라면, 권력을 가진 사람이 어떤 결정을 내릴 때, 그 결정에 의해 영향을 받게 될 국민의 입장을 참작할 수 있다. 즉, 그들은 자신의 통치가 피지배자에게 어떤 영향을 미칠 것인지를 생생하게 예측할 수 있을 것이다. 결국 통치자가 결정을 내릴 때, 피통치자의 입장에서 상황을 보게 하고, 동시에 통치자를 신중하게 결정하도록 만듦으로써, 실질적으로 정의로운 결과가 나오는 데 이바지하였던 것이다(마넹 2007, 45~50). 바로 이 점에서 추첨 방식은 공공선 추구에 적합하였다고 해석할 수 있다.

셋째, 추첨에 의한 선택을 파벌에 반대하는 방어책으로 인식했다는 헤드럼(Headlam 1933, 38)의 지적처럼 정치적 평등의 약속과 함께 추첨은 파벌주의 감소를 위한 사용이 그 목적으로 가장 많이 거론된다. 다울렌(Dowlen 2008a, 41~65; 2008b, 34~35) 역시 기원전 508~507년 클레이스테네스(Cleisthenes) 개혁으로 투표가 아닌 추첨 방식으로 평의회를 확립한 것은, 추첨이 당파의 형성을 막는 능력을 지녔기 때문으로 해석

---

11 좋은 시민의 탁월함은 잘 다스리고 잘 복종함으로써 나타난다(Aristotle 1981, III, 1277a27).

12 잘 복종할 줄 모르는 사람은 잘 통치할 수 없다는 것은 매우 옳은 말이다(Aristotle 1981, 1277b12~13).

한다. 상당수의 구성원을 공직에 진출시키려던 파벌들은 그 기획이 추첨에 의해 제지되었고 더욱이 교대가 추첨과 함께 사용되면 어떠한 파벌도 그들 자신 또는 그들의 지지자들을 구조적으로 장려할 수 없게 되기 때문에 권력의 집중을 분산하거나 해체하는 방식으로 작동하였다. 따라서 추첨은 공직자가 그 어떤 외부적인 영향에도 무관하고 독립적이어야 하며 오로지 공공선을 위해서만 일해야 한다는 에토스에 기여하였다.

3장

추첨시민의회의
실행 사례

사법배심을 제외하고는[13] 지난 2세기 동안 대의정부 체제 어디에서도, 그것이 주권이든 행정권이든, 중앙에서건 지방에서건 간에, 그 어떤 정치권력도 추첨을 통한 미니공중에 부여된 적이 없었다. 대표성은 오직 선거제도와 연관되어 있었고, 때때로 입헌군주제에서처럼 세습과 연결되는 경우는 있었지만 추첨과 관련되지는 않았다(마넹 2007, 23). 그러나 2000년대 들어 선거제도 개혁이나 헌법 개정을 위해 추첨을 통해 구성한 시민의회를 활용하는 사례들이 등장하고 있다. 추첨시민의회 방식을 활용한 외국 사례를 구체적으로 소개하고자 한다.

1. 캐나다 두 개 주 차원에서의 선거제도개혁시민의회

캐나다에서는 2004년에는 세 번째로 많은 인구를 가진 브리티시컬럼비아(British Columbia)주에서, 2006년에는 가장 많은 인구를 가진 주

---

13 오늘날에는 아테네 시민법정의 유제로 사법배심제가 미국을 비롯하여 전 세계 46개국에서 운영되고 있을 뿐이다. 한국에서는 2008년 1월부터 만 20세 이상 국민 중에서 법이 정하는 바에 따라 추첨을 통해 무작위로 선발하여 배심원을 맡기는 국민참여재판제도가 시행되고 있다.

인 온타리오(Ontario)주에서 추첨을 통해 선발된 시민으로 구성한 선거
제도 개혁을 위한 시민의회(Citizens' Assembly on Electoral Reform)를 운
용하였다(Dowlen 2008b, introduce).

1) 브리티시컬럼비아 선거제도개혁시민의회
(British Columbia Citizens' Assembly on Electoral Reform)[14]

(1) 도입 배경

2001년 주정부 선거 기간 동안 자유당의 지도자 캠벨(Campbell)은
현행 단순다수 대표제[15]가 투표율과 의석에서 과도한 괴리를 보이는 현
실을 비판하면서 시민의회를 통한 선거제도 개혁을 공약하였다. 2003년
4월, 집권에 성공한 자유당 정부는 각 선거구마다 2명씩 무작위 선택한
시민들로 구성되는 시민의회가 적절한 선거제도를 권고한 후 주민투표
에 회부하는 방식을 법으로 채택하였다.

시민의회는 주 의원을 선출하는 선거제도 결정 권한을 부여받아 11
개월 동안 거의 매주 모여 다양한 선거제도를 평가하고, 현행 제도를 유
지해야 할지 또는 새로운 모델을 채택해야 할지 심의한 후 새로운 선거
제도를 제안하였다.

낭시까지 브리티시컬럼비아의 정치 지형은 심각하게 왜곡되어 있었다.
시민들은 의회를 불신하였고 정치 혐오감은 깊었다. 소수 득표 집권당[16],

---

14 아래 내용은 공식 보고서(Making Every Vote Count : The Case for Electoral
    Reform in British Columbia. British Columbia, Canada, 2004)를 정리한 것이다.
15 한 선거구에서 한 명의 의원을 뽑는데, 후보자들 가운데 단순다수(plurality), 즉
    득표 순위에서 일등을 한 사람이 당선되는 제도로 일위대표제라고도 한다(박동천
    2000, 53).
16 득표수가 적은 여당이 오히려 야당보다 더 많은 의석을 차지한 경우를 말한다.

불균형적 선거 승리[17], 특권층의 의회 장악 현상이 혐오감을 더욱 자극하였다. 1996년 선거에서 자유당은 신민주당의 39.5% 지지보다 많은 41.8% 투표를 획득하였지만, 의석수에서는 신민주당이 75석 중 과반이 넘는 39석을 차지하였다. 자유당이 집권에 성공한 2001년 5월 선거에서도, 자유당은 전체 투표의 57.6% 밖에 얻지 못하였으나 79개 의석 중 77개를 획득한 반면(오현철·강대현 2013, 153), 12.4%의 지지를 얻은 녹색당은 한 석도 얻지 못하였다. 결국 42%의 지지를 얻은 다른 정당들은 단 두 석만 얻었을 뿐이다(Warren 2006).

근본적으로 의석수를 득표수에 비례하여 배분하지 못하는 단순다수대표제의 한계에 의해 의회제도 자체가 심각한 '민주 결핍'을 드러내고 있었던 것이다. 의회를 장악한 의원들은 주로 고등교육을 이수한 중년의 백인 남성들로서 유권자들이 원하는 정책을 만드는 데 열성적이지 않았고 선출된 순간부터 '특권층'이 되었다. 시민들의 정치 불신이 높았지만 이에 책임져야 할 의회는 당파주의에 지배되어 기능 정지 상태에 빠져 있었다. 이러한 정치적 딜레마를 해결하기 위해서는 선거제도 개혁이 필요했지만 정치인들은 자신들이 선출된 선거제도 개혁을 원치 않았다(Carty 2005, 2; 오현철·강대현 2013, 153~154에서 재인용). 또한 선거제도 개혁 작업을 의원들에 맡긴다면 의원과 정당의 이해관계 때문에 합리적인 개혁안이 도출되기 어려웠다. 따라서 이러한 상황을 타개하기 위해 새로 선출된 수상은 선거제도 개혁을 위한 시민의회 구성을 지시한 것이다(오현철·강대현 2013, 154).

---

17 정당의 득표율과 의석수가 현저하게 불비례하는 현상을 말한다.

(2) 구성 절차

2003년 8월부터 12월까지 시민의회 구성원을 선발하기 위한 절차가 진행되었다. 79개 선거구로부터 남녀 각각 한 명씩 선발한 158명과 원주민공동체에서 선발한 2명, 여기에 임명된 의장까지 합하여 총 161명으로 구성되었다. 선거로 선출된 전·현직 공직자, 선거 출마자들의 직계가족, 정당 당직자들을 제외하고 모두 대상이 되었다. 구성원들은 무작위 추첨으로 선택되었는데 연령과 지리적 분포, 성별 균형을 보장할 수 있도록 다음 세 단계 과정을 밟았다. 2003년 8월에 시작된 1단계는 지리적 대표를 보장하기 위해서 79개의 각 선거구마다 200명(남녀 각각 100명)씩 1만 5,800명을 무작위로 선택하는 것이었다. 이들은 주의 인구 대표성을 보장하기 위해 연령대(18~24세, 25~39세, 40~55세, 56~70세, 71세 이상)와 성별로 그룹화되었다. 선택된 이들에게 시민의회의 목적 및 임무와 책임을 개략한 글과 참석 여부를 묻는 질문서를 함께 우편 발송하였다. 편지에 답한 사람들은 다시 선거구, 성, 연령별로 그룹화하였다. 2단계는 이들 중 최종 선택 풀에 포함되는 것에 동의한 1,441명을 연령 분포를 감안하여 성별로 동등하게 조직하였으며, 시민의회에 관한 프리젠테이션을 듣고 그들의 적격과 참여 의지를 확인하기 위한 미팅에 초청하였다. 마지막 단계에서는, 실제 참여한 964명을 대상으로 최종 추첨을 하여 각 선거구마다 남녀 각각 한 명씩을 무작위로 선택하였다. 이러한 방식으로 158명을 선택한 이후, 의장은 원주민공동체들을 대표하는 2명을 추가로 선택하였다. 구성원들은 회의에 참여했던 기간 동안 1일당 150달러에 교통비와 숙박비를 별도로 제공받았다. 또한 자녀가 있는 경우 자녀 돌봄 서비스를 제공받았다. 예산은 약 460만 달러(4백10만 유로)가 소요되었다.

(3) 과정 및 결과

이렇게 구성된 시민의회의 운영 과정은 세 단계로 구분될 수 있다. 첫 번째는, 2004년 1월 11일부터 4월 26일까지 여섯 차례에 걸쳐 주말에 진행된 학습 단계이다. 이 단계에서 구성원들은 스태프 및 전문가들의 강의, 문헌으로 된 자료 등을 통해 다양한 선거제도들에 관해서 학습하였으며 정치학을 전공하는 대학 3학년 학생들이 수업하는 교재로 선거제도를 접하였다. 두 번째 단계인 공청회 단계는 2004년 5월부터 6월까지 진행되었다. 두 달에 걸쳐 구성원들은 50차례의 공청회에 참석하여 수천 명의 의견을 수집하였고, 제출된 1,603통의 제안서를 검토하였다. 한편 이 기간 동안 시민들은 공청회에 자유롭게 참석하여 발언하였으며 메일이나 우편으로 자신들의 의견을 시민의회에 보냈다. 매 공청회에 최소 네 명 이상의 시민의회 구성원이 참석하였다. 공청회에 참여하여 발언하는 사람에게는 10분간의 발표 시간과 10분간의 질의응답 시간이 주어졌다. 50회에 걸친 공청회에 약 3천 명의 시민들이 참석하였다.

마지막 심의 단계는 9월부터 11월까지로, 이 기간 동안 시민의회는 최종적으로 권고할 선거제도를 결정하기 위한 심의에 집중하였다. 1주 차에는 사전에 제시된 여덟 가지의 바람직한 선거 기준 중에서 세 가지를 선택하도록 하였다. 참여자들은 거의 예외 없이 효과적인 지역 대표성, 비례성 원칙, 유권자 선택의 극대화를 선택하였다. 2주 차에는 다섯 가지 주요 선거제도 중에서 그때까지 배제되지 않았던 혼합형 비례대표제[18]와

---

[18] 혼합형 비례대표제는 유권자가 2회 투표를 하게 되는데, 한 번은 자신이 지지하는 정당에 대해, 또 한 번은 소속 지역구 후보 가운데 한 명을 뽑는 방식이다. 혼합형 비례대표제하에서 주 의원은 지역구에서 선출된 의원과 정당 명부에서 선출되어 주 전체를 대변하는 의원으로 구성된다. 따라서 선거구 의석이 초래한 비(非)비례성을 정당 명부 의석으로 보상해주거나 교정해주는 방식을 통해 유권자들의 의견을 더 잘 반영할 수 있는 비례적 결과에 도달하는 것이다.

단기이양식 투표제[19]를 제시하였고, 그중 먼저 단기이양식 투표제에 대해 토론하였다. 3주 차에는 가능한 열두 가지 혼합형 비례대표제 모델을 대상으로 심의하였는데, 다양한 모델들을 토론할 때마다 오히려 단기이양식 투표제의 장점이 더 부각되었다. 4주 차에 단기이양식 투표제가 세 가지 주요 가치에 더 부합되는 것으로 의견이 모아졌다. 구성원들의 표결 결과 단기이양식 투표제 146표 대 혼합형 비례대표제 7표가 되어 단기이양식 투표제가 선정되었다. 5주 차에는 4주 차에 다룬 주요 가치 외의 다른 고려사항을 토론하였다. 10월 23일 시민의회는 단기이양식 투표제를 최종안으로 결정하였고, 다음날 투표를 통해 현행 단순다수대표제를 단기이양식 투표제로 바꿀 것을 권고하는 안을 채택하였다(오현철 2010, 49~50).

시민의회가 권고한 단기이양식 투표제도는 2005년 5월 17일 주 선거와 함께 실시된 주민투표에서 통과를 위한 두 가지 기준인 투표자의 60% 이상 지지와 79개 선거구의 60%인 48개 이상에서 과반수를 충족해야 했다. 실제로 79개 선거구 중 77개에서 과반수를 획득하였지만 전체 투표의 57.7%를 얻어 부결되었다. 2009년 주 선거와 함께 다시 주민투표에 회부되었으나 역시 부결되었다. 자유당 역시 정권을 잡고 있었기 때문에 적극적으로 권고가 통과되도록 촉진하지는 않았으며, 여타 정

---

[19] 단기이양식 비례대표제는 유권자들이 정당별 후보자의 이름이 모두 기재된 투표용지에 선호 순위를 기입하는 방식으로 이루어진다. 당선자가 확정되는 과정은 다소 복잡한데, 당선자를 선출하는 과정에서 잉여표를 이양하는 과정을 여러 차례 반복하여 결정한다. 결정 과정은 이렇다. 먼저 총 투표수와 의석 총수를 기초로 당선 최저선을 정한다. 그 다음 당선에 필요한 최소 득표수를 확보한 후보자부터 당선자를 결정한다. 그리고 이 최소 득표수를 초과하여 득표된 표들은 투표용지에 기재된 선호 순위에 따라 다른 후보자에게 이양된다. 구체적 이양 방식에 대해서는 김용욱(2002, 108~109)을 참조하라.

당 역시 후보 중심적인 투표제도로 개선되는 것을 바라지 않았기 때문에 별 관심을 가지지 않았다. 이러한 이유로 비록 권고가 채택되지는 못했지만, 거의 1년 기간 동안 오직 한 명만 중도에서 그만두었을 뿐 출석률이 일관되게 95퍼센트 이상을 유지했다는 것은 의미가 있다. 이러한 높은 책무성은 다음 두 가지에서 기인한다. 하나는 시민의회 홈페이지에 구성원들의 사진과 약력을 소개하여 책무성을 느끼고 진지하게 임무를 수행하도록 유도하였다는 것이며(Chambers 2007, 4~5) 다른 하나는 시민의회가 선거제도를 결정할 수 있는 실질적인 권한을 보유하였기 때문에 헌신적으로 활동할 동기부여가 되었다는 것이다(Lang 2007 37; 오현철·강대현 2013, 156에서 재인용).

(4) 성과 및 의의

시민의회 홈페이지는 활동 기간 동안 전체 주민 10명 중 6명이 접속할 정도로 많은 관심을 모았으며, 같은 기간 캐나다에서 가장 접속량이 많은 사이트였다. 11개월 동안 총 조회수는 51,353건을 기록하였고, 151개국의 사람들이 방문하였다. 홈페이지는 시민의회 구성원과 대중 사이의 심의에 효과적인 수단으로 활용되었다. 홈페이지에 의견을 제안하는 과정 자체가 대중의 대화를 유도하였으며 방문자들은 수시로 다양한 제안에 대해 토론하였다. 구성원에게만 개방된 사이트는 의원들 간의 지속적인 접촉을 유지하여 토론 활성화에 크게 기여하였다(Ward 2006, 10~14; 오현철·강대현 2013, 156에서 재인용).

직접민주주의 차원의 이러한 실험은 일반 시민이 정치인들과 달리 이해관계에 좌우되지 않고 중요하고 기본적인 정치 문제들에 관해 진지하고 심오한 심의 과정을 수행할 수 있다는 것을 보여주었다. 시민의회는 선출 과정을 통해서 독립성과 공평성을 보장받았을 뿐만 아니라 참

여한 시민들이 어려운 이슈를 심의하는 과정에서 높은 수준의 능숙함
으로 발전해나가는 과정을 확인시켜주었다. 따라서 국민'에 의한' 정부
라는 민주주의의 약속을 어느 정도 지켜내는 효과를 가져왔다(Ferejohn
2008, 192-213). 구성원들이 보여준 새로운 개념과 기술을 배우는 과정에
서 인상적인 헌신, 서로에 대한 존경을 바탕으로 한 토론 과정에서 보여
준 고양된 시민 덕양은 일반 시민들도 중요한 직무를 잘 수행할 수 있
음을 증명했다(British Columbia Citizen's Assembly on Electoral Reform
2004).

　　비록 시민의회의 최종안이 주민투표에서 부결되었지만, 많은 학자
들은 시민참여와 심의민주주의 관점에서 중대한 성공이었다는 점에 동
의한다. 성공 요인은 다양하지만 다음의 다섯 가지로 요약할 수 있다
(Carty 2005, 7~8; 오현철 2010, 65에서 재인용). 첫째는 무작위 선발이다. 무
작위 선발된 미니공중은 전체 주민을 축소한 소우주 모델로 간주되어
그 자체로서 대표성을 담지하기 때문에, 그들이 도달한 결론은 전체 주
민이 생각하는 가치와 관심을 반영한 것으로 정당화될 수 있다. 두 번째
요인은 바로 성평등으로, 심의기구의 평등한 구성과 진행은 보다 시민
적이고 상호 존중을 기반으로 한 심의 과정을 만드는 데 기여하였다고
평가된다. 셋째는 주 의회 선거를 관장하게 될 선거제도를 작성한다는
임부 자체의 중요성이다. 이는 구성원들의 열성을 사극하는 요인이 되었
다. 네 번째 성공 요인으로는 독립성을 꼽을 수 있다. 기존의 엘리트들이
나 제도로부터 독립적으로 활동하여 참여자들이 자긍심을 느끼고 스스
로 책무성을 높일 수 있었다. 마지막으로 강력한 권한 부여이다. 심의 기
구의 결론이 곧장 주민투표에 회부될 정도의 막중한 권한은 구성원들로
하여금 강한 동기 부여가 되었다.

　　브리티시컬럼비아의 시민의회 경험은 다음과 같은 시사점을 제공

한다(Carty 2005, 10-11; 오현철 2010, 65~66에서 재인용). 첫째, 시민들은 중요한 결정을 내려 사회에 기여하고 싶어 한다. 둘째, 평범한 시민들도 복잡한 이슈들을 이해하고 나아가 정통하게 될 수 있다. 그들에게 필요한 것은 수단과 동기뿐이다. 셋째, 심의적 의사 결정은 작동한다. 현대 대의제는 기본적으로 적대적 관계를 기반으로 한다. 오늘날 의회에서는 상호 수용 가능한 타협안을 만드는 진정한 참여를 발견하기는 어렵다. 하지만 선거개혁시민의회는 그것을 보여주었다. 넷째, 다양한 다문화적 집단도 원리적이고 가치에 입각한 결정을 내릴 수 있다. 브리티시컬럼비아는 캐나다에서 가장 다양하고 다문화적인 사회 중 하나이지만, 시민의회는 그 일을 훌륭하게 해냈다. 다섯째, 시민들은 기존 엘리트와 다른 방식으로 문제의 해결책을 정의한다. 시민들은 선거민주주의를 전문가나 직업 정치인들과 다르게 정의하고 가치를 부여했다. 이것은 민주주의를 실현하는 길이 다양하며, 특히 시민이 참여하여 만드는 제도가 '민주주의에 대한 증오'를 치유하는 의미 있는 개혁의 길이 될 수 있음을 보여준다.

　　시민의회의 의장직을 맡았던 잭 블레이니(Jack Blaney)는 "현대 역사에서 선거로 선출되지 않은 '일반' 시민에게 중요한 공공 정책을 검토할 권력을 주고 그러한 정책을 바꾸고자 하는 어떠한 제안의 승인을 모든 시민으로부터 찾는 민주 정부는 이전까지 결코 없었다"라며 시민의회의 가치를 강조하였으며, 최종 보고서는 "우리는 민주주의 실행에 시민을 참여시키는 새로운 방식을 발견하기 위해 여기에 있다"고 선언하였다.

2) 온타리오 선거제도개혁시민의회
(Ontario Citizens' Assembly on Electoral Reform)[20]

(1) 도입 배경

온타리오에서 선거제도 개혁에 대한 구상은 자유당이 야당에 머무르던 시절, 최초로 고안되었다. 이는 주 정부의 구성 경험으로부터 추동되었는데, 단순다수대표제하에서 신민주당은 1990년 불과 38%의 득표율로, 진보 보수당은 1995년 45%의 득표율로 집권하였다. 자연스레 낮은 득표율로 집권한 주 정부가 그들의 정책결정을 정당화할 수 있을 정도의 민주적 권한을 충분히 위임받았는지에 대한 의문이 제기되었다(LeDuc et al. 2008).

2003년 자유당은 46%의 득표율로 다수 의석을 차지하게 된다. 마침내 집권에 성공한 자유당 정부는 선거공약을 지켜야 한다는 압력에 직면했다. 세금을 올리지 않겠다는 공약을 어긴 상태였기 때문에 겉보기에 대단치 않아 보이는 약속이라도 지켜야 했던 것이다. 당시 온타리오는 선거제도에 대한 격렬한 논쟁이 촉발되었던 다른 주들이나 연방에 비해 선거 개혁 이슈가 도드라지지 않았다. 대중들의 관심이 크지 않았을 뿐만 아니라 기존의 선거제도를 통해 집권한 자유당은 정치 지형의 변화를 원치 않았나(LeDuc et al. 2008; Pepall 2010). 따라서 주 정부가 시민의회를 통해 실제로 선거제도에 변화를 가져오고자 했던 것인지 혹은 심의민주주의의 가능성을 모색하고자 했던 것인지, 그 의도는 가시적으로 예측하기 어렵다.[21]

---

20 온타리오 선거제도개혁시민회의의 공식보고서(Final report & Background report)를 참고하였다.

21 리덕 등(LeDuc et al. 2008)은 온타리아 주 정부가 캠페인 공약 이행 의지 외에도

온타리오 선거제도개혁시민의회는 2004년 11월 18일, 주지사 돌턴 맥귄티(Dalton McGuinty)가 선거제도 개혁과 주 입법부 의원 선출을 위한 새로운 아이디어를 탐구하겠다고 발표함으로써 촉발되었는데, 그는 시민의회를 설립하고 시민의회의 최종 권고안에 대한 구속력 있는 주민투표를 실시할 것을 약속하였다. 2005년 6월 13일, 주의회는 선거법 개정을 통해 유권자 대의기관의 설립에 동의하였으며, 주 소속 의원들로 이루어진 선거제도 개혁을 위한 특별위원회(Select Committee on Electoral Reform)[22]를 구성하여 선거제도에 대한 집중적인 연구 의무를 부여했다. 해당 위원회는 일반적인 선거제도 개혁을 검토하였을 뿐 아니라 시민의회의 권한 범위 및 구성 기준 등을 고려하였다.

2006년 2월 3일, 선거법 하에 온타리오 규정 82/06(Ontario Regulation 82/06, 이하 규정)[23]이 수립되는데, 이 규정은 시민의회의 절차와 관련한 의무와 더불어 의장의 역할과 관련한 내용을 담고 있었다. 이를 통해 시민의회는 온타리오의 현행 선거제도와 기타 사안들을 평가하고, 현행 제도를 유지할 것인지 혹은 새로운 제도를 도입할 것인지를 권고할 권한을 위임받았으며, 구성원은 각 선거구에서 무작위로 선출하는 방식으로 충원되도록 결정되었다. 의장으로 임명된 조지 톰슨(George

---

캐나다 전역에서 선거제도 개혁에 대한 논의가 활발히 이루어지고 있다는 사실에 영향 받았음을 지적한다. 특히 그는 이러한 대안적 선거 모델에 대한 관심과 더불어 브리티시컬럼비아 시민의회의 사례가 복합적으로 시민의회 설립에 유효하게 작용하였을 것이라 주장한다.

22 선거제도 개혁을 위한 특별위원회는 주 의회 의원들로 구성되었는데, 자유당, 진보-보수당, 신민주당 등 다양한 당적으로 이루어져 있다. 해당 위원회는 2005년 11월 29일, 시민의회 권한 범위에 대해 권고한 보고서를 제출했다.

23 온타리오 규정 82/06(Ontario Regulation 82/06)은 2006년 2월 3일 수립되었으며 3월 24일 최종 보완되었다. 보다 자세한 내용은 https://www.ontario.ca/laws/regulation/060082를 참고하라.

Thomson)은 시민의회의 업무를 감독하고 조력하는 역할을 맡았는데, 여기에는 구성원들이 적절한 교육을 받도록 보장할 것, 구성원들의 승인을 받은 내부 절차를 확립할 것, 회의를 주재할 것 등이 포함되었다. 또한 시민의회의 최종 활동 마감일이 2007년 5월 15일까지로 명시되었으며, 이는 곧 해당 일까지 최종 보고서와 권고안을 완성해야 함을 의미했다. 이 시한은 2007년 10월 10일로 예정된 차기 주 선거와 더불어 주민투표를 준비할 시간을 확보하기 위함이었다.[24]

(2) 구성 절차

시민의회를 설립한 규정(Ontario regulation 82/06)은 구성원의 충원 방식에 관한 구체적인 내용을 포함하고 있다. 브리티시컬럼비아주의 사례와 달리, 온타리오 시민의회 구성원 선발은 독립적인 선거기구인 온타리오 선거기구(Elections Ontario)에 의해 이루어졌다. 이 외에도 규정안에는 각 선거구별로 한 명의 구성원이 선출될 것, 52명의 여성과 51명의 남성으로 구성할 것, 한 명의 원주민을 포함할 것 등이 명시되어 있었다. 여기에 총독 대리가 임명한 1명의 의장이 추가되었다. 참가 자격을 부여받지 못한 이들은 주의회 의원, 캐나다 연방의회 의원, 공무원 등이었다. 합리적 수준의 중립성을 보장하기 위해 연방 및 주의 공천 후보자 및 선거구 협회(Constituency Association)[25] 직원 등도 참여에서 배제되었다 (Rose 2007).

시민의회 구성원은 2006년 5월부터 7월 동안 온타리오 선거기구에

---

24 시민의회 활동에 할당된 예산은 약 5백만 달러(약 450만 유로)였다.
25 선거구 협회(constituency association)는 선거구 내 정당 활동을 지지하기 위해 형성된 조직이다. http://www.elections.on.ca/en/political-entities-in-ontario/constituency-associations.html (검색일 2017년 3월 20일)

의해 선출되었는데, 과정을 간략히 요약하면 다음과 같다. 먼저 등록된 유권자 중 총 120,000명이 넘는 이들에게 선거구별 구성원을 선출하는 모임에 참석 가능 여부를 묻는 최초의 문건을 발송하였다. 이 중 7,033명이 긍정적 응답을 주었으며, 1,253명이 한 명의 구성원과 두 명의 예비후보자[26]를 선출하는 모임에 초대되었다. 이 잠재적 참가자들은 선발회의(Selection Meeting)에 도착하자마자 두 개의 정보 패키지를 수령하였는데, 하나는 시민의회 사무국(Citizens' Assembly Secretariat), 다른 하나는 온타리오 선거기구에서 준비한 것이었다. 사무국의 패키지는 안내책자, 사무국에 대한 설명(The Secretariat's presentation), 시민의회 관련 자료표(Fact Sheet), 시민의회 관련 Q&A, 소식지 구독 신청서를 포함하고 있었으며, 선거기구는 선발 절차 관련 정보와 투표용지, 봉투를 제공했다.

2006년 5월 27일부터 7월 5일에 걸쳐 온타리오 선거기구는 온타리오 전역에서 29번의 선발 회의를 조직하고 주재하였다. 회의는 선거기구의 대표가 선발 절차에 관한 발표를 진행하면서 시작되었다. 의장 혹은 의장 대리인이 직접 참여하여 시민의회 구성원이 되는 것에 소요되는 시간 및 노력에 대해 충분히 설명하고자 하였다. 이 과정을 거치며 잠재적 참가자들은 필요한 정보를 제공받았으며, 이를 바탕으로 의사결정을 내릴 수 있었다.[27]

사무국의 발표와 Q&A 세션이 마무리된 후, 온타리오 선거기구는 참석 의사가 있는 경우 초반에 배부한 투표용지에 사인한 뒤 봉투에 넣

---

[26] 예비후보자의 경우, 구성원이 9월에 열린 첫 번째 모임 전에 그만둘 경우를 대비해 각 구성원당 두 명씩 선발되었는데, 총 8개월의 프로젝트 동안 단 한 명도 그만두지 않아 예비후보자의 참가는 없었다.

[27] 시민의회 구성원들은 일당 110유로를 지원받았다.

어 투표함에 둘 것을 요청하였다. 회의 전반에 걸쳐 참석 거부 의사를 밝힌 이들은 소수에 불과했다. 참석자 선출은 선거기구 대표가 투표함에서 봉투를 꺼내는 방식으로 이루어졌고, 각 선거구마다 한 명의 구성원 및 두 명의 예비후보자가 결정될 때까지 반복하였다. 사무국 직원은 구성원이 결정될 때마다 지정된 장소로 이동시켜 예비 오리엔테이션과 간단한 인터뷰를 진행하였으며, 사무국이 전 과정에서 도움을 줄 것을 상기시켰다. 103명의 구성원은 각각 여성 51명, 남성 52명이었으며, 약간의 차이는 있지만 대체로 온타리오의 연령 분포를 고르게 반영하였다. 18세 이상 24세 이하 11명, 25명 이상 39세 이하 23명, 40세 이상 54세 이하 32명, 55세 이상 70세 이하 25명, 71세 이상 12명이었다. 출생지는 온타리오 66명, 기타 주 11명, 캐나다 외부 27명으로 다양했으며 영어, 프랑스어, 아랍어 등 총 28개의 다른 언어를 사용하는 이들로 이루어졌다. 직업 또한 다양하였는데, 교육자, 학생, 자영업자부터 정보통신 기술 전문가, 예술가, 기술자 등을 포함하고 있었다.

한편 교육자, 전직 판사이자 고위 공무원인 조지 톰슨 의장은 시민의회의 운영을 돕되 중립적인 입장을 고수하며 내부 투표에 참여하지 않았다. 그는 또한 시민의회 사무국을 이끌었다. 퀸즈 대학(Queen's University) 정치학과에 재직 중인 조너선 로즈(Jonathan Rose) 조교수는 학습 책임자(Academic Director)로서 선거제도에 대한 집중적인 학습 프로그램을 개발하는 역할을 맡았다.

(3) 과정 및 결과

2005년 6월부터 11월까지 운영된 선거제도 개혁을 위한 특별위원회는 선거제도 개혁을 둘러싼 다양한 선택지를 검토하였고, 선거제도에 대한 평가 기준을 포함한 시민의회의 권한 범위를 설정하였다. 특별위원회가 수립한 여덟 개의 원칙은 정당성, 대표의 공정성, 유권자 선택권, 유효 정당(Effective Parties), 안정적이고 효율적인 정부, 효율적인 의회, 유권자 참여 강화, 책임성으로 이루어졌다. 이후 시민의회가 자체적으로 '단순성과 실용성'이라는 아홉 번째 원칙을 추가하였다. 이 아홉 가지 원칙은 온타리오 시민의회 업무의 처음과 끝을 함께하였는데, 구성원은 이 원칙들을 토대로 선거제도를 평가하였을 뿐 아니라 현행 제도와 기타 제도의 비교 기준으로도 활용되었다.

2006년 3월 27일, 조지 톰슨 의장의 임명과 함께 출범한 시민의회는 2007년 4월 15일 표결을 끝으로 8개월간의 활동을 마무리 지었다. 시민의회의 운영은 크게 2006년 9~11월의 학습 단계, 2006년 11월 ~2007년 1월의 공청회 단계, 2007년 2~4월의 심의 단계로 나누어볼 수 있다.

〈표 2〉 타임라인: 시민의회 절차(Citizens' Assembly Process)

선출 과정 (Selection Process)	학습 단계 (Learning Phase)	공청회 단계 (Consultation Phase)	심의 단계 (Deliberation Phase)	최종 보고서 (Final Report)
2006년 5~6월	2006년 9~11월	2006년 11월 ~ 2007년 1월	2007년 2~4월	2007년 5월 15일

① 학습 단계(Learning Phase)

시민의회의 규정에는 타임라인에 대한 언급이 부재했기 때문에, 세부적인 계획을 세우는 데 브리티시컬럼비아 시민의회를 본보기로 삼았다. 본격적인 활동에 착수하기 전 몇몇 관계자들은 브리티시컬럼비아 시민의회의 강점을 기반으로 하되 온타리오의 필요와 사무국 방식에 따라 조정을 가하는 방식으로 운영하자고 합의하였다(Rose 2007). 2006년 9

월부터 11월까지 진행된 학습 단계는 브리티시컬럼비아 시민의회 모델과 마찬가지로 총 6차례 주말에 만나 온타리오 현행 및 기타 선거제도에 대해 학습하는 방식으로 이루어졌다. 이 학습 프로그램은 강의, 읽기, 패널 토론, 모의실험, 소규모 리서치, 총회의, 외국 의원들과의 인터뷰 비디오, 온타리오 전직 정치인 및 선거 전문가 등과의 만남 기회 등을 포함했다.

학습 단계는 대체로 브리티시컬럼비아 모델과 유사하였다. 전 과정에서 주요 교육자인 조녀선 로즈 학습 책임자와 정치학 전공의 대학원생들로 구성된 조력자(facilitator)의 도움을 받았다. 한편 브리티시컬럼비아 모델과는 다른 두 가지의 특징적인 차이를 보인다. 첫째, 브리티시컬럼비아와 달리 온타리오에서는 전직 주 정치인을 초청하여 '의회 업무의 세계(Work World of Parliament)'라는 제목의 세션을 가졌다. 패널 정치인과의 만남을 통해 종종 비방하는 정치인의 업무에 대해 접하였을 뿐 아니라 유권자 역할의 중요성에 대해 다시금 상기하였다(Rose 2007). 두 번째 차이는 선거제도 학습에 있어 모의실험(simulation)을 활용하였다는 것이다. 학습 단계의 첫 번째 주말, 시민의회 구성원과 직원들은 소선거구 다수대표제, 선택투표제라고 불리는 절대다수투표제, 명부식 비례대표제를 활용한 모의 선거를 치렀으며, 마지막 주말에는 혼합형 비례대표제와 단기이양식 투표제 등 좀 더 복잡한 모의실험을 진행하였다. 이 방식을 통해 각기 다른 투표 종류와 선거 방식을 손에 잡히는 방식으로 접하였을 뿐 아니라 각기 다른 선거제도가 다양한 결과로 이어질 수 있음을 확인하였다(Rose 2007).

학습 단계는 이 외에도 다양한 형식을 포함하였는데, 기본적으로는 넓은 주제를 개괄하는 강의를 들은 후 조력자가 이끄는 소규모 토론을 진행하는 패턴으로 이루어졌다. 구성원들의 선거 지식에 대한 예비적 연구는 학습 단계를 거치며 선거제도에 대한 기본적 지식이 상당히 증가하였음을 보여주었다. 이 연구를 위해 구성원들에게 네 가지 '정치적 사실'에 대한 질문이 주어졌다. 그 결과 학습 단계 이전에는 9%만이 세 개 이상의 정답을 맞춘 데 비해, 학습 단계 이후에는 81%로 그 비율이 향상되었다. 이는 선거제도에 관한 자신감과 관련한 문항에서도 재차 확인된다. '선거제도에 대하여 얼마나 안다고 느끼십니까'라는 질문의 평균 점수는 학습 단계 이전에는 4.32점(표준편차 2.2), 학습 단계 이후에는 7.68점(표준편차 1.38)로 높아졌다고 보고되었다(Rose 2007).

② 공청회 단계(Consultation Phase)

2006년 11월부터 2007년 1월까지 시민의회 구성원들은 심의 과정에 대한 공적 협의(Public Consultations) 단계에 착수하였다. 공청회 단계의 의의는 가능한 더 많은 이들의 목소리를 듣고 참고하는 것에 있었다. 그러나 시간상의 제한으로 인해 대부분 같은 날 두 번의 공청회가 개최되었으며, 1주일에 네 번 이상 열리는 경우도 종종 있었다. 사무국은 공청회를 위해 협의 자료집(Consultation Guide)[28]을 제공하였는데, 여기에는 시민의회에 대한 정보, 선거제도와 관계된 원칙 및 특성, 네 개의 주요 선거제도에 대한 요약 등이 포함되었다.

공청회는 세 단계 주요 활동으로 이루어졌다. 첫 단계는 총 41회에 걸쳐 주 전역에서 이루어진 공청회, 둘째는 서면 제출(Written Submissions) 요청, 마지막 단계는 온타리오 사회개발 네트워크(Social Planning Network of Ontario)에 의해 조직된 특별 지원 세션(Special Outreach Session)이 바로 그것이다. 공청회 개최에 앞서 구성원들은 각

---

[28] 자료집의 명칭은 'Citizens Taling to Citizens'이다.

자의 커뮤니티에서, 사무국은 홈페이지와 지역신문 광고 외 각종 네트
워크를 통해 홍보활동을 진행했다. 공청회에 참여해 구두 발표를 진행
하고자 하는 개인들은 온라인이나 팩스 또는 전화 등을 통해 등록할 수
있었고, 공청회별로 발표자를 위한 시간이 할당되었다.[29] 평균적으로 세
명의 구성원이 참여했으며 한 명은 호스트, 나머지는 발표자에게 질문
을 던지는 패널 역할을 맡았다.[30]

전체적으로 500명이 넘는 시민들이 주 전역에 걸쳐 개최된 공청회
에 참가하였을 뿐만 아니라 구성원들이 개별 커뮤니티에서 활동한 것을
포함하면 총 3,000여 명이 이 단계에 참여했다고 추정된다. 또한 온타리
오의 103개 선거구 중 99개에서 제안서를 보내왔으며 그 수는 1,036개
에 달한다. 이 중 62개의 제안서는 특정 조직을 대변하는 것이었지만 대
부분의 경우 온타리오 개별 시민들이 보내온 것이었다.

마지막 특별 지원 세션은 노숙자, 저임금자, 한부모 가정, 장애인,
이민자 등 약자 집단의 의견을 구하기 위한 것으로 네 번의 포커스 그룹
을 구성하여 활동하였다. 포커스 그룹은 낮 동안 진행되었는데, 해당 커
뮤니티 지도자들의 도움을 얻어 자료집을 배분하고 참여를 독려하는 방
식으로 이루어졌다. 이 외에도 구성원들이 시의원, 제3섹터 조직, 종교
조직 등을 만나는 등의 외부 활동에 참여하였으며, 사무국은 시민의회
의 활동에 특별한 관심을 가지는 이해관계자들을 초대한 회의를 가지기
도 하였다.

---

[29] 총 295명이 공식적으로 등록 후 발표를 진행하였으며, 비공식적 발표자는 206명
으로 총 501명의 발표가 진행되었다. 흥미롭게도 80%의 등록된 발표자들이 남성
이었다(Rose, 2007).

[30] 사무국 직원은 보통 4명이 참여하였는데, 조력자(facilitator) 및 언론담당(media
contact), 관련 전문가, 참가자 및 체크리스트 담당자(registrar) 그리고 실행 계획
(logistics) 담당자로 역할을 나누었다.

사무국은 41개의 공청회를 요약한 보고서(What We Heard)와 서면 제안서를 요약한 보고서(What We Read)를 발간하였으며, 온타리오 사회개발 네트워크는 네 개의 특별 지원 활동의 절차를 요약한 보고서 발간에 기여했다. 이후 사무국은 이 세 가지 보고서를 편집하여 구성원과 이해관계자 그리고 모든 주 의원들에게 배부하였다.

③ 심의 단계(Deliberation Phase)

브리티시컬럼비아 시민의회 경우 참여자들은, 공청회 단계와 심의 단계 사이에 보다 여유로운 기간이 주어졌기 때문에 협의 기간 동안 접했던 견해에 대해 검토하고 논의할 기회를 가질 수 있었다. 그러나 온타리오 시민의회는 대중들로부터 받은 피드백을 훨씬 단기간에 소화해야만 했다. 마지막 여섯 번째 주말은 최종 보고서 승인에 할당되어야 했기 때문에, 실질적으로 대안적인 선거제도를 선택하고 우선순위 원칙들을 반영한 실현 가능한 모델을 구축하여 현행 제도와 비교하는 데 주어진 기간은 4주에 불과했다(Rose 2007).

공청회 단계가 끝난 직후인 2007년 2월부터 2007년 4월까지 시민의회는 여섯 번의 주말 동안 배운 것을 복습하고, 협의 단계에서 들은 의견에 대해 논의하였다. 첫 번째 주요 심의 과제는 선거제도의 적합성을 평가하는 데 기준이 될 기본 원칙들을 재확인하고 세 가지의 우선순위를 결정짓는 것이었다. 구성원은 유권자 선택권, 공정한 선거 결과, 강한 지역적 대표성에 방점을 두어야 한다는 것에 동의하였으며, 이에 따라 주요 선거제도를 평가했다.

시민의회 구성원은 대안적 제도들 중 혼합형 비례대표제와 단기이양식 투표제가 세 가지 우선순위와 가장 잘 부합할 것으로 보았다. 이후 이 두 가지 대안과 현행 온타리오 선거제도를 비교하기 위해 2주에 걸쳐 두 대안의 상세 모델을 발전시켰다. 4주 차[31]에 상세 모델의 설계가 끝나고 대안 제도 선정을 위한 투표를 진행하였다. 2명이 불참한 가운데 75명은 혼합형 비례대표제에, 25명은 단기이양식 비례대표제에 표를 던졌다. 혼합형 비례대표제는 지역구별로 한 명의 대표자를 보유하는 동시에 비례성 확대를 위해 정당 명부 제도를 추가한다는 점에서 가장 적합한 모델로 꼽혔다(LeDuc et al. 2008). 혼합형 비례대표제가 온타리오에 가장 적합하다는 결론은 구성원들이 선정한 세 가지 우선순위와 잘 부합한다는 점에서 기인한다. 첫째, 유권자들이 지역구 대표 및 정당 모두에 투표할 수 있도록 하여 유권자 선택권에 기여할 수 있다. 둘째, 득표율이 의석수를 더욱 잘 반영하도록 하여 공정한 선거 결과에 기여할 수 있다. 셋째, 현행 제도와 마찬가지로 강력한 지역 대표성을 보장하기 때문에 넓고 다원화되어 다양한 목소리를 지닌 온타리오에 적합하다. 한편 39명의 정당 명부 의원들은 정당 투표를 통해 주 단위에서 선출된다. 이들은 온타리오에 새로운 종류의 대표성[32]을 제공할 수 있다. 새로운 제도는 추가 의석을 통해 비례성[33]뿐 아니라 온타리오 인구에 대한 대표성을 보다 확보할 수 있다고 기대되었다.

주정부는 시민의회가 새로운 선거제도를 권고하게 된다면 그에 대해 구속력 있는 주민투표를 실시할 것을 약속한 바 있다. 시민의회의 권고안은 2007년 10월 10일 주 선거와 동시에 주민투표에 회부되었나. 주정부 투표율은 역사적으로 낮은 52.8%를 기록하였다. 동시에 회부된 까

---

31 이어 5주 차에는 현행 단수다수대표제도(SMP)를 유지하기보다는 혼합형 비례대표제(MMP)를 추천하는 것이 좋겠다는 결론에 도달(cf. 표결 결과: 86(MMP) vs 16(SMP))하였으며, 마지막 6주 차는 최종 보고서를 승인하는 데 할당되었다.

32 예컨대 정당 명부 의원들은 주 전체 혹은 지역적 영향을 가져올 수 있는 이슈에 있어 지역구 의원들의 업무를 보완하는 역할을 맡도록 기대된다.

33 지역구 의원과 정당 명부 의원들은 모두 129명으로, 기존에 비해 22석이 추가된다.

닭에 주민투표 투표율은 주 정부 선거보다 오직 1.7% 낮은 51.1%를 기록했다. 한편 혼합형 비례대표제가 수용되기 위해서는 전체 투표자 60% 이상의 찬성이 있어야 했으나[34] 온타리오 유권자 중 37%만이 지지를 보였으며, 63%는 현행 제도인 단순다수제를 유지하는 데 표를 던졌다. 보다 구체적으로, 107개의 선거구 중 오직 5개[35]의 경우에서만 다수의 유권자가 혼합형 비례대표제를 선호하였다(LeDuc et al. 2008).[36]

리덕 등에 따르면 혼합형 비례대표제의 패배는 시작부터 예상된 것이었다. 정부가 60%의 찬성이라는 상당히 높은 진입 장벽을 세워뒀을 뿐 아니라, 언론은 적대적이었다. 주요 신문사 세 곳의 기사 내용 분석 결과, 한결같이 혼합형 비례대표제에 대해 부정적 논조를 유지하였을 뿐 아니라 주민투표 자체에 대해서도 회의적이었다. 전반적으로 시민의회의 가치를 멸시하는 경향을 보였으며 대중들에게 알리기 위한 캠페인은 불충분했다. 시민의회 구성원들은 비판적인 언론 보도 및 온타리오 선거기구가 충분히 홍보 활동을 하지 않은 것에 대한 불만을 표시하였다. 시민의회 구성원으로 활동한 캐서린 바케로(Catherine Baquero)는 "온타리오 선거기구의 교육 캠페인이 그토록 힘을 쓰지 못하였다는 것이 실망스럽다. 각 제도에 대한 자세한 논의가 있을 것으로 기대했다"라며 실망을 표하였다.[37] 실제 시민의회와 주민투표에 대한 대중 인식을 조사

---

[34] 정부가 주민투표 통과 기준으로 60%라는 압도적 다수규정(supermajority)을 상정한 것은 불공평(unfair)하다는 주장도 제기되었으나, 브리티시컬럼비아 시민의회 또한 같은 진입 장벽을 가지고 있었고(LeDuc et al. 2008) 헌법적 변화와 관련되는 이슈를 다룰 때는 일반적인 기준으로 쓰인다(Pepall 2010).

[35] 모두 토론토 지역에 속한다. Beaches-East York(50.1%), Davenport(56.7%), Parkdale-High Park(54.5%), Toronto-Danforth(55.1%), 그리고 Trinity-Spadina(59.2%)

[36] http://www.elections.on.ca/ (검색일 2017년 3월 20일)

[37] http://www.cbc.ca/news/canada/muzzled-by-law-hampton-rues-lack-of-

한 결과에 따르면 온타리오 주민의 80.7%는 시민의회 및 주민투표에 대해 '거의 혹은 전혀 모른다'고 답하였다. 온타리오 선거 개혁안은 대부분의 유권자에게 알려지지 않은 실로 조용한 주민투표였으며, 이 빈틈으로 인해 시민의회가 제안한 개혁안의 정통성 또한 상당한 상처를 입었다(LeDuc et al. 2008).

(4) 성과 및 의의

조지 톰슨 의장은 홈페이지를 통해 "지금까지 이런 기회를 가져본 적이 없었다. 따라서 이를 통해 우리 민주주의에 더 직접적으로 참여할 수 있는 기회를 갖게 될 것이다. 이번 기회를 통해 우리는 많은 것을 배우고, 듣고 또 다른 사람들과 함께 선거제도에 대해 토론하며, 미래의 청사진을 그려보는 기회가 될 수 있을 것이라 생각한다"고 전하였다. 비록 주민투표로 인해 시민의회의 선거제도 개혁안이 거부되고 현행 단수다수제를 유지하는 결과로 이어졌지만, 시민의회의 운영이 사회적 대표성, 시민 참여, 심의민주주의라는 주요 원칙을 고수하였다는 점에서 실패로 낙인찍을 수 없다(LeDuc et al. 2008).

구성원들의 헌신은 기대 이상이었다. 학습 책임자였던 조너선 로즈는 시민의회가 숨 가쁘게 달려온 8개월간 단 한 번도 다섯 명 이상의 불참자가 발생하지 않았으며 열두 번의 주말 내내 평균 불참자 수가 두 명에 불과했다는 점을 통해 '이 프로젝트에 대한 구성원들의 상당한 헌신을 보여주는 것'이라고 주장하였다. 시민의회는 일반 시민들의 정책결정 능력, 직접민주주의 등에 회의적인 시각이 팽배한 가운데 진정한 심의민주주의와 참여민주주의의 실현 가능성을 보여주었다. 온타리오

---

info-on-referendum-1,641062 (검색일 2017년 3월 22일)

주의 실험은 무작위로 선출된 일반 시민으로 구성한 대의기관이 책임감 있는 정책적 대안을 도출해낼 수 있다는 점을 증명함으로써 새로운 유형의 민주적 의사결정 모델을 제시하였다.

✛

2006년 5월, 캐나다 온타리오주에 사는 도나는 주 정부가 보낸 한 통의 편지를 받았습니다. 편지에는 주정부가 선거제도 개혁 방안을 마련하기 위해 시민의회를 연다는 내용과 함께, 도나가 투표자 명부에서 무작위로 추첨한 12만5,000명 중 한 명으로 선발돼 103개의 선거구마다 한 명씩 뽑아 구성되는 시민의회의 최종 선택 그룹에 포함된 사실을 알려줬습니다. 또한 시민의회는 토론토에 위치한 요크대학교에서 9개월 동안 매달 두 번째 주말에 열린다고 설명한 뒤, 최종 추첨 그룹에 들어갈지 선택해달라는 요청이었습니다. 도나는 그 회의에 참석하려면 800시간이 필요하고, 매달 토론토까지 가야 한다는 게 썩 내키지 않았습니다. 그리고 이전에 배심원으로 호출된 적도 없고 더군다나 선거제도와 관련된 전문가도 아니었기 때문에 부담을 느낄 수밖에 없었습니다. 그러나 주를 위해 봉사할 기회로 받아들이기로 결정했고, 두 달 뒤 자신의 선거구를 대표하는 시민의회의 구성원으로 최종 선택됐습니다(Dowlen 2008b, 13~14).

✛ 네덜란드 선거제도 시민포럼 (Electoral System Civic Forum, Netherlands) [38]

2006년 3월 24일 네덜란드는 140명의 시민들로 구성된 선거제도 시민포럼(Electoral System Civic Forum)을 설립하여, 하원(Second Chamber of the States General) 선거를 위한 제도 연구를 수행하고 가장 적합한 선거 제도에 대한 권고안을 담은 보고서를 제출하도록 하였다. 시민포럼은 브리티시컬럼비아 시민의회의 모델을 따랐다. 학습 단계, 협의 단계, 의사결정 단계로 활동이 나뉘어졌다. 140명의 구성원은 무작위로 추출한 5만 명의 표본으로부터 참가 의사를 확인하고, 의사가 있는 집단 내에서 또 한 번의 추첨을 실시하여 선출하였다. 구성원 선발은 남녀 성비, 지리적 특성, 연령 등을 고려하여 가능한 한 네덜란드 사회를 대변할 수 있도록 하였다. 브리티시컬럼비아의 사례와 마찬가지로 시민포럼 구성원 선출이나 운영 당시 전국 혹은 유럽의회 후보자 명부에 포함되었거나 선출된 경력이 있는 사람은 참가 자격을 부여받지 못하였다. 2006년 12월, 시민포럼은 비례대표제의

---

[38] 다비트 판 레이브라우크(2016, 156)를 중심으로 정리하였다.

이행을 권고하였다.

2005년 7월 시민포럼의 설립 계획이 발표되고, 2006년 2월 시민들에게 초대장이 발송되었다. 이후 2006년 3월, 공식적으로 시민포럼이 설립되어 같은 해 12월 최종 보고서 제출을 끝으로 마무리하였다. 9개월 동안 주말을 이용해 10회에 걸쳐 운용되었으며 예산은 510만 유로(인건비 별도)가 소요되었다. 참가자에게는 주말 1회당 400유로를 보상하였다. 한편 브리티시컬럼비아와는 달리 시민포럼 활동 결과에 대한 국민투표가 약속되지는 않았으며 보고서 「하나의 표, 더 많은 선택지」(2006.12)를 발간하였다.

❖ 영국의 국민패널(People's Panel)

영국의 블레어(Blair) 정부는 집권과 동시에 행정개혁의 일환으로 국민패널(People's Panel)을 추진하였는데, 국민패널은 1998년 가을부터 2002년 1월 기간에 걸쳐 패널 5,000명이 참여한 대형 시민참여 제도였다. 국민패널은 구성원 모두가 각계각층을 대표하는 시민들로 구성한 특징이 있다. 남녀, 인종, 연령, 지역과 다른 인구통계학적 요소 등을 고루 안배해서 민주적 대표성을 갖춘 패널이 되도록 구성한 것으로 1998년 6월부터 9월 사이 영국 전역에 걸쳐 선발하였다. 1차로 5,000명을 선발하고, 이어 1,000명을 예비후보자로 추가하며 다시 소수민족의 대표성을 보장하기 위해 830명을 추가하였다. 시민패널은 영국에서 수년 동안 지역 정부 차원에서 사용되어 왔으나, 국가적 수준의 패널은 처음이었다. 국민패널은 수상의 직속기구인 공공서비스개혁실이 관장하지만, 실행 기관은 모리(MORI)사회연구소가 맡아 운영했다. 패널 구성원들은 정부의 각종 서비스 영역에 대한 조사와 연구 및 평가를 진행했는데 설문조사, 심층인터뷰, 워크숍, 시민 배심 등이 심의적 방안을 토대로 실시하였다. 조사결과는 모두 인터넷으로 공개되며 행정기관은 자신들의 업무와 관련된 조사 결과를 정책 형성에 참고하지만, 그 결과가 정책 입안을 강제하지는 않는다. 국민패널 구성원 대부분은 공공서비스의 문제 집단을 대표하는 사람들로 실제 겪는 문제를 심층적으로 조사하고 분석해서 결과 보고서를 시민들에게 알리는 역할을 한다. 4년간 국민패널이 심층적으로 조사, 분석한 결과 보고서에는 전반적인 공공서비스에 대한 시민들의 만족도를 보여주었다. 의료, 응급서비스, 지방의회, 교육, 교통, 환경, 레저, 고용과 복지, 주택, 기타 서비스 등의 분야별 문제와 개선안에 대한 진단을 담고 있다(주성수 2006, 103~104).[39]

---

[39] 자세한 내용은 http://archive.cabinetoffice.gov.uk/servicefirst/index/pphome. htm을 참조하라.

2. 아일랜드 시민의회

아일랜드는 2012년 12월부터 2014년 3월까지 시민이 참여한 헌법 컨벤션을 운용하였다. 참여자는 총 100명으로 의장, 각 정당과 무소속 등 모든 그룹에서 의석 비율대로 선발된 정치인 33명, 추첨으로 선출한 66명의 시민으로 구성되었으며, 의장은 중립적인 인사로 임명하였다. 이 활동의 성과가 의회에서 보수파의 반발 등으로 인해 충분히 발휘되지 못함에 따라 2016년 총선 후 집권당은 의회 결의안이 아닌 법률로써 시민의회를 구성하였다. 2016년 10월 출범한 시민의회는 정치인의 참여 없이 추첨으로 선발한 99명 시민과 연방대법원 판사인 의장으로 구성되었다. 시민의회는 1년의 활동 기간 동안 낙태와 국민투표, 인구 고령화 대책, 선거일 고정 문제 등을 다루는 중책을 수행하게 된다.

1) 아일랜드 헌법 컨벤션
(The Convention on the Constitution, 약칭 Constitutional Convention)[40]

(1) 도입 배경

2008년 아일랜드를 휩쓸었던 최악의 경제위기는 '정치 개혁'을 제1의 정치 어젠다로 만드는 데 기여했다(de Londras & Morgan 2013; Farrell 2014a; Carolan 2015). 때문에 2011년 아일랜드 총선에서 모든 정당이 내세운 주요 어젠다는 역시 '정치 개혁'이었다. 이는 정당 매니페스토에서 일관되게 확인되는데, 선거 역사에서 찾아보기 힘든 수준의 관심이 쏟아진 것이었다(Suiter and Farrell 2011; Farrell & O'Malley and Suiter 2013에

---

40 헌법 컨벤션의 공식 보고서 9개 및 공식 보도자료를 참고하였다.

서 재인용). 경제 침체와 정치 개혁이 필연적인 인과성을 내재한 것은 아니지만, 정당들이 정치 개혁의 어젠다를 끌어안게 된 데는 경제적 상황이 중요한 기폭제가 되었음은 분명하다(Farrell 2014a). 이 광풍은 시민들이 정치 개혁의 과정에 몸소 참여할 수 있는 통로를 만들겠다는 야심찬 구상을 포함하였다. 예컨대 통일아일랜드당[41]은 시민의회(Citizen's Assembly)를 구성하여 모든 사회 구성원이 참여하는 공적 협의 과정을 실시하겠다고 약속하였으며, 노동당[42]은 헌법 검토 및 개정을 위한 헌법 컨벤션(Constitutional Convention)의 설립을 제안하였다.

아일랜드 공화당은 1932년 최초로 집권한 이후 79년 중 무려 61년간 정부 형성에 참여하였다. 그러나 경제가 최악의 상황으로 치달으며 2011년 총선에서 통일아일랜드당과 노동당에 밀려 3위로 주저앉았다.[43] 아일랜드 공화당이 대패한 이후, 헌법 개정에 대한 상당한 관심이 쏟아졌다. 이는 부분적으로는 아일랜드 헌법이 초기 웨스트민스터 모델(Westminster Export Models)이었다는 점과 관련된다. 헌법에 명시된 정부 형태는 무려 한 세기 전의 것인데다가 두 차례의 비공식적 개정[44]이

---

[41] "헌법 개정을 포함한 정치 개혁 프로그램이 시민들의 실질적인 개입 없이 성공할 수 없다는 것은 분명하다. http://michaelpidgeon.com/manifestos/docs/fg/Fine%20Gael%20GE%202011.pdf (검색일 2017년 3월 24일).

[42] 노동당의 매니페스토는 헌법 컨벤션을 30명의 의원, 30명의 시민사회 조직 구성원, 추첨으로 선발된 일반 시민 30명으로 구상하였다.
http://www.labour.ie/download/pdf/labour_election_manifesto_2011.pdf(검색일 2017년 3월 24일).

[43] 2011년 총선 결과, 통일아일랜드당은 36.1%, 노동당은 19.4%의 지지를 획득한 반면, 아일랜드 공화당은 2007년 41.6%보다 24.2% 하락한 17.4%의 득표를 기록하였다. 2011년 총선에 대한 내용은 위키피디아를 참조하였다. https://en.wikipedia.org/wiki/Irish_general_election,_2011 (검색일 2017년 3월 24일).

[44] 비공식적 개정은 사법적 개입(judicial interpretation)과 기본법(organic law)의 형태로 이루어졌다. 이 두 차례의 개정은 헌법 조문(constitutional text)에 반영

시도된 것이 전부였다. 따라서 헌법이 정부 구조에 있어서나 사회적 가치와 관련한 조항에 있어서나 다소 시대에 뒤처진다는 공감대가 형성되는 것은 당연한 것이었다(de Londras & Morgan 2013). 이러한 기대에 부응하기 위해 연정을 형성한 통일아일랜드당과 노동당은 양당 간 지도자 수준의 협의를 거쳐 2011년 3월 1일, 포괄적인 헌법 개정을 고심하기 위한 헌법 컨벤션의 수립을 약속한 공동 정부 프로그램(Joint Programme for Government)[45]에 동의한다.

> "전례 없는 국가적 경제위기를 극복하기 위해, 우리는 전례 없는 수준의 정치적 결의(political resolve)를 필요로 한다. … 우리는 헌법이 21세기의 도전에 대처할 수 있도록 긴급한 이슈를 고심할 뿐 아니라 헌법 컨벤션(Constitutional Convention)을 설립하여 광범위한 검토에 착수하도록 한다. … 우리는 포괄적인 헌법 개정을 다루기 위해 헌법 컨벤션을 설립하며, 12개월 내 다음과 같은 안건들에 대해 보고하도록 한다."[46]

1. 대통령 임기를 5년으로 줄이고, 선거일을 지방 및 유럽 선거에 맞추어 조정함.
2. 투표 연령을 17세로 낮춤.
3. 하원 선거제도의 재고.
4. 재외국민이 아일랜드 대사관과 같은 장소에서 대선에 참여할 수 있도록 함(재외국민투표).
5. 동성 결혼 조항.
6. 가정에서 여성 역할에 관한 조항의 수정[47] 및 공적 영역에서 여성 참여의 장려.

되지 않았다(de Londras & Morgan 2013).
45 http://www.taoiseach.gov.ie/ (검색일 2017년 3월 23일).
46 'Programme for Government 2011' Department of the Taoiseach.
47 아일랜드 헌법 41조 2항 1° 정부는 가정 내 여성의 역할이 공공선에 기여함을 인정한다(the State recognises that by her life within the home, woman gives to

7. 여성의 정치 활동 증대.

8. 신성모독 금지 조항[48]의 삭제.

9. 위의 안건들이 다루어진 후, 컨벤션이 추천하고자 하는 다른 헌법개정안.

✢ 위 더 시티즌(We the Citizens) 이니셔티브[49]

2011년 총선 직후, 일군의 학자들에 의해 파일럿 시민의회(Citizens'Assembly)를 조직함으로써 시민 참여형 정치 개혁의 잠재성을 증명하고자 하는 시도가 이루어진다. 이 프로젝트는 아일랜드에서 심의적 접근법을 취한 새로운 공적 의사 결정 기제가 작동함을 보여주고자 했던 것(Suteu 2014; Carolan 2015; Farrell & O'Malley and Suiter 2013)으로 크게 두 단계로 요약된다. 첫 단계는 5~6월에 걸쳐 전국에서 공적 협의를 위한 미팅을 마련한 것이다. 이 공청회는 누구에게나 개방되었으며, 일반 시민이 아일랜드의 미래에 대해 몇 시간에 걸쳐 논의했다는 것 외에는 특별한 안건을 없었다. 여기서 등장한 주제들은 6월 말에 개최될 시민의회의 기반이 되었다(Farrell & O'Malley and Suiter 2013).

---

the State a support without which the common good cannot be achieved). 2° 따라서 정부는 엄마들이 경제적 필요에 의해 가정의 의무를 저버리고 어쩔 수 없이 노동에 참여해야 하는 일이 없도록 노력해야 한다(The State shall, therefore, endeavor to ensure that mothers shall not be obliged by economic necessity to engage in labour to the neglect of their duties in the home). https://web.archive.org/web/20110721123530/http://www.constitution.ie/constitution-of-ireland/default.asp (검색일 2017년 3월 24일).

[48] 1991년 법률개정위원회(Law Reform Commission), 1996년 의회 헌법 검토 집단 (Oireachtas Constitution Review Group) 등은 아일랜드 헌법의 역사와 함께해 온 신성모독 금지 조항의 부적절함을 지적하였다. 신성모독 금지 조항의 존재는 표현의 자유, 종교의 자유 등에 의해 논쟁거리가 되어 왔다. 아일랜드 무신론자 연합에 따르면, 2011년 총선 이전 "신성모독이 범죄라고 생각하십니까"라는 질문에 대해 통일아일랜드당은 "아니오"라고 답하였으며 노동당은 "신성모독 금지 조항을 삭제하기 위한 국민투표가 필요하다"고 답하였다. 이후 통일아일랜드당-노동당 연립정부는 해당 이슈를 헌법 컨벤션의 안건으로 상정한다.
https://en.wikipedia.org/wiki/Blasphemy_law_in_the_Republic_of_Ireland (검색일 2017년 3월 24일).
http://atheist.ie/2011/02/how-did-the-candidates-reply-to-our-questions-on-secular-policies/ (검색일 2017년 3월 24일).

[49] http://www.wethecitizens.ie/ (검색일 2017년 3월 27일).

두 번째 단계는 시민의회로, 이 시민의회는 시장조사 회사인 Ipos/MRBI가 무작위로 선출한 100명의 시민으로 구성되었다. 또한 Ipos/MRBI는 공청회에서 언급된 주제에 기초하여 관련 이슈에 대한 일반 아일랜드 시민들의 의견을 조사하였다. 이 서베이 응답에 기초하여 시민의회의 안건이 결정되었으며, 6월 25일 토요일은 종일 정치 개혁 관련 이슈를, 일요일 오전은 '조세 vs 지출'에 대해 논의했다(Farrell & O'Malley and Suiter 2013). 모든 과정은 파렐(David Farrell)을 포함한 학술팀의 감독 및 지원하에 이루어졌다. '위 더 시티즌'의 최종 보고서는 "숙고의 효과가 있다(deliberation works)"라는 결론을 내렸으며, 2011년 12월, 부총리 및 노동당 대표에게 전달되었다.

최종 보고서를 좀 더 구체적으로 살펴보면, 시민의회 참가자들은 정치적 효능감이나 흥미 면에서 긍정적 변화를 보였을 뿐 아니라 상정된 안건들에 대한 의견의 변화도 있었다는 내용이다. 이러한 변화는 통계적으로 유의미했으며 다양한 통제 집단과의 분명한 차이를 보였기 때문에 시민의회의 참여가 실질적인 변화의 원인이라는 결과가 도출되었다. 비공식적 피드백에 따르면 위 더 시티즌 이니셔티브의 숙고적 실험은 다양한 수준에서 충분히 논의되었으며, 특히 헌법 컨벤션을 구상한 정부 프로그램과 관련하여 더 많은 시민들의 참여 및 선출 방식, 전문가 배제 제안 등은 참고가 되었다(Farrell & O'Malley and Suiter 2013).

(2) 구성 절차

2012년 2월 발표된 정부안(Government's Proposals)은 헌법 컨벤션 설립의 기반, 심의 주제, 운영 방식, 구조 그리고 권고안에 대한 후속 조치(follow-up) 등에 대한 내용을 담고 있었다.[50] 정부안은 헌법 컨벤션이 양원의 결의안에 의해 설립되어야 한다고 명시하였으며, 운영 방식에 대해서는 권고안이 본회의에서 합의되어야 하고, 특정 안건에 대한 심의가 종료된 후 중간보고서가 제출되어야 한다고 언급했다. 헌법 컨벤션에서 제안한 권고 사항에 대해서는 관련 부서에서 검토를 거친 후 정부에 보고할 것을 약속하면서 덧붙여 헌법 개정을 위한 입안 여부는 정부가, 국민투표에 회부할지의 여부는 의회가 결정한다고 밝혔다.[51]

---

[50] http://merrionstreet.ie/en/News-Room/News/constitutional-convention-government-proposals-28-february-2012.html (검색일 2017년 3월 24일).

[51] 정부가 최종 결정권을 가진다는 점에서 헌법 컨벤션의 역할이 다소간 조언적(advisory)이라는 비판이 대두되었다. 〈아이리시 타임스〉는 "형식은 있으나 실체

정부안은 헌법 컨벤션 구성에 대해 의장을 포함하여 총 100명 규모로 구성할 것을 제안했다. 구체적으로 정리해보면 1명의 의장, 66명의 일반 시민 그리고 33명의 의원으로 이루어지는데, 의원 몫의 33명에는 참여를 원하는 북아일랜드 정당을 위한 자리도 포함되었다. 이후 헌법 컨벤션은 북아일랜드 의회 6개 정당에 각 1명씩의 대표를 보내도록 요청했으나 4개의 정당만이 동의하였다. 따라서 29명의 아일랜드 공화국 의원과 4명의 북아일랜드 의원이 헌법 컨벤션에 참여하였다.[52] 66명의 일반 시민은 선거인 명부를 기반으로 하여 선출하되 최대한의 대표성을 확보하기 위해 여론조사 회사가 선발 작업을 전담토록 하였다.

2012년 7월, 양원은 헌법 컨벤션 설립 결의안을[53, 54] 통과시킨다. 엔다 케니(Enda Kenny) 총리는 하원 연설에서 헌법 컨벤션은 혁신적이고 독립적인 기관으로, 정치적 영향력을 가져야 한다는 원칙을 제시하였다. 첫 번째는 헌법개혁을 논하기 위한 대의기관의 창설은 아일랜드에서 전례가 없는 방식이라는 점에서 혁신적이며, 이러한 혁신성을 기반으로 의원과 시민이 헌법 개혁의 필요성에 대해 공동으로 또 공적으로 논할 수 있는 장을 마련할 수 있었다고 언급하였다. 두 번째 원칙은 정부로부터의 독립성으로, 아일랜드 사회를 공정하게 대변하는 무작위 선출을 통

는 없다(all form and little substance)"는 내용의 사설을 실었으며(〈The Irish Times〉 Editorial, 2012.7.12.), 〈아이리쉬 인디펜던트〉는 사설을 통해 "비-선출 그리고 무력"한 컨벤션이라 꼬집었다(〈Irish Independent〉 Editorial, 2012. 8. 20.).

52 이후 헌법 컨벤션을 설립한 결의안에서 "양원을 공정하게 대표"할 것을 명시함에 따라 헌법 컨벤션 내의 정당별 의원 비율은 양원 내의 비율과 최대한 비례하도록 구성되었다.

53 http://oireachtasdebates.oireachtas.ie/debates%20authoring/debateswebpack. nsf/takes/dail2012071000026?opendocument# (검색일 2017년 3월 24일).

54 http://oireachtasdebates.oireachtas.ie/debates%20authoring/debateswebpack. nsf/takes/seanad2012071200008?opendocument# (검색일 2017년 3월 24일).

해 시민 참여자가 결정된다는 사실을 통해 알 수 있다고 주장했다. 마지막 원칙인 영향력은 "헌법 컨벤션의 권고안에 대한 적절하고 신속한 반응"을 전제로 한다며, 정부는 각 권고안이 제출된 후 4개월 이내 공적 응답(public response)을 내놓을 것이라 약속하였다. 또한 모든 사안에 있어 의회 논의를 마련하고, 헌법 개정을 위한 국민투표가 필요하다고 인정되는 경우 정부의 공적 응답에 국민투표 개최 시기를 명시하겠다고 덧붙였다.

결의안에 따르면 헌법 컨벤션 의장은 정부에 의해 임명되어야 하며, 컨벤션 활동의 주재자로서 컨벤션의 성공에 매우 중요한 역할을 맡는다. 의장 임명 과정에는 예상보다 긴 시간이 소요되었다. 참여 의사가 있는 적임자를 찾는 데 어려움을 겪어 헌법 컨벤션의 설립 시기가 지연되기까지 하였다.[55, 56] 2012년 10월 24일, 마침내 정부는 자선단체 '컨선월드와이드(Concern Worldwide)'의 최고경영자이자 경제학자인 톰 아널드 (Tom Arnold)를 의장으로 임명하였다. 아널드 의장은 헌법 컨벤션 활동 초기에는 컨선월드와이드의 최고경영자직을 유지했지만 2013년 컨벤션의 업무가 과중해지면서 사직하였다.[57]

66명의 시민 구성원 선출은 시장조사 기관인 'Behaviour & Attitudes'가 전담하였다. 각각 66명인 시민 구성원 및 '그림자(shadow)' 패널인 시민 구성원 예비후보자 모두 다단계 샘플링 절차를 통해 충원

---

55   http://www.rte.ie/news/2012/1009/340959-constitutional-convention/ (검색일 2017년 3월 26일).

56   http://www.irishtimes.com/news/arnold-named-chair-of-reform-body-1.744800 (검색일 2017년 3월 26일).

57   http://www.taoiseach.gov.ie/eng/News/Archives/2012/Government_Press_Releases_2012/Tom_Arnold_of_Concern_Appointed_Chairperson_of_the_Constitutional_Convention.html (검색일 2017년 3월 26일).

되었다. 절차를 간단히 설명하면 다음과 같다. 먼저 더블린, 렌스터, 먼스터, 카노트·얼스터, 이 네 곳의 기준 지역 내 열여섯 개의 구역으로부터 표본을 추출한다. 이 표본에는 농촌과 도시의 인구 차와 같은 지리적 분산뿐 아니라 성별, 사회경제적 지위, 취업 여부 등을 고려한 상세한 할당치가 반영되었다. 이후 면접관들은 배정받은 구역 내에서 할당량이 충족될 때까지 전화를 걸어 구성원을 모집하였다.

컨벤션 참가 의지를 보인 시민에게는 헌법 컨벤션이 무엇이며, 누가 참여하며, 어떻게 운영되는지, 무엇을 다루는지 등의 내용을 담은 책자가 제공되었다. 참고로 각종 부대 비용은 컨벤션에서 지급하지만 시민 구성원이 된다고 해서 금전적 보상이 주어지는 것은 아니었다. 또한 정당원 및 로비 단체 회원 여부, 사회·정치적 문제에 대한 관심도 등은 참가 배제의 사유가 되지 못하였다.[58]

결의안은 이외에도 일반 대중의 참여가 중요함을 강조하며 홈페이지를 통해 컨벤션 활동을 공개하겠다고 밝혔다. 예를 들어 홈페이지에는 각종 보고서 및 제안서가 업로드될 뿐 아니라 총회(plenary session)를 실시간 스트리밍으로 확인할 수 있도록 하였다. 또한 정부는 총리실 공무원이 관리하는 사무국(secretariat)을 설립하여 업무를 보조하도록 지원하였다. 최초 결의안은 컨벤션 첫 미팅 이후 12개월 내에 임무를 완수하여야 한다고 명시하였다. 그러나 2013년 8월, 의장의 요청에 의해 헌법 컨벤션의 활동 기간은 2014년 3월 31일까지 연장되었다.[59]

---

[58] 보다 자세한 내용은 헌법 컨벤션 공식 홈페이지(https://www.constitution.ie/)를 참고하라.

[59] "…하원은 헌법 컨벤션 소집과 관련하여 2012년 7월 10일 통과된 결의안 내용 중 '첫 회의 이후 1년 이내'라는 문구를 삭제하고 '2014년 3월 31일 이내'로 대체하는 것을 승인한다.…" http://oireachtasdebates.oireachtas.ie/debates%20authoring/debateswebpack.nsf/takes/dail2014012900022?opendocument#U02700 (검색

(3) 과정 및 결과

헌법 컨벤션의 첫 회의는 2012년 12월 1일, 더블린 성에서 이루어졌다. 이후 세션은 전국 및 북아일랜드에서 개최되었다.[60] 정부 결의안은 첫 회의 이후 2개월 내에 처음 두 안건[61]에 대한 보고서 및 권고안을 의회에 제출하도록 규정하고 있었기 때문에 이 두 가지 안건이 가장 먼저 심의되었다. 다른 구체적인 이슈들은 2013년 11월까지 차례로 다루어졌다. 정부는 미리 선정된 여덟 가지 주제에 대한 심의가 모두 종료되고 나면, 컨벤션이 자체적으로 이슈를 선정할 수 있는 자율권을 주었다. 2013년 12월, 컨벤션은 자율적인 심의 주제로 아일랜드 하원 개혁(Dáil Reform)과 경제적·사회적·문화적 권리(Economic, Social and Cultural Right)를 선택하였다.[62]

톰 아널드 의장은 헌법 컨벤션을 운영하는 데 있어 준수되어야 할 원칙으로 개방성, 공정성[63], 평등한 발언권, 효율성 그리고 협력을 제안하였으며, 최종 보고서를 통해 다섯 가지 원칙을 기반으로 한 활동이 이루어졌다고 주장했다.[64] 컨벤션은 총 10회 이상 소집되었으며, 주말을

일 2017년 3월 26일).

60 http://www.rte.ie/news/2012/1009/340959-constitutional-convention/ (검색일 2017년 3월 26일), http://www.thejournal.ie/constitutional-convention-to-begin-in-october-604453-Sep2012/ (검색일 2017년 3월 26일).

61 1) 대통령 임기를 5년으로 줄이고, 선거일을 지방 및 유럽 선거에 맞추어 조정함.
    2) 투표 연령을 17 세로 낮춤.

62 2013년 12월 17일, 헌법 컨벤션은 2014년 2월 마지막 회의에서 하원 개혁 및 경제적·사회적·문화적 권리에 대해 논의할 것임을 발표하였다. 이 두 안건은 컨벤션 구성원들이 직접 선정한 것이다.

63 이슈를 둘러싼 폭넓은 시각을 검토해야 할 뿐 아니라 구성원들에게 주어지는 참고 자료가 양질의 것이어야 한다는 측면을 의미한다.

64 https://www.irishtimes.com/news/politics/inside-the-convention-on-the-constitution-1.1744924 (검색일 2017년 3월 26일).

이용하여 하루 반나절 동안 진행되었다. 각 회의는 미리 배포한 자료에 대한 전문가들의 발표, 이슈의 찬반 입장에 따라 나뉜 집단 간 토론, 조력자(facilitator)와 기록담당자(notetaker)가 배석한 가운데 이루어지는 라운드테이블 논의로 구성되었다. 토요일의 심의가 끝난 후 일요일 오전, 구성원들은 전날의 논의에 대해 재고한 후, 표결에 참여하였다. 참고로 헌법 컨벤션의 모든 결정은 다수결의 원칙을 기반으로 하는데, 동수일 경우 의장이 캐스팅 투표권을 행사했다.

① 대통령 임기, 선거일 그리고 투표 연령[65, 66]

헌법 컨벤션의 첫 번째 총회는 2013년 1월 26일과 27일에 걸쳐 진행되었다. 정부 결의안의 규정에 따라 구성원들은 첫 번째 안건으로 대통령 임기를 5년으로 줄이고, 선거일을 지방 및 유럽연합 선거에 맞추어 조정할 것인지의 여부 그리고 투표 연령을 현행 18세에서 17세로 낮출 것인지의 여부를 심의하였다. 투표 결과 대통령 임기 및 선거일 조정 안건은 각각 57%, 80%의 반대로 부결되었다. 투표 연령 관련 안건은 52%의 찬성으로 연령 요건을 낮추어야 한다는 데 의견이 모아졌다. 17세와 16세 중 몇 세로 낮출 것인지에 대한 투표에서는 48%가 16세, 39%가 17세라고 답하였으며 14%는 의견 없음에 표를 던졌다.

헌법 컨벤션은 결의안에 의해 위임된 권한을 보나 '유연하게' 해석하여 상정된 안건들의 헌법적 측면을 넘어서는 추가적인 제안에 합의하

---

65 헌법 컨벤션의 권고안 및 정부의 공식적 반응이나 결과 등에 대해서는 헌법 컨벤션 공식 보고서 및 의회 위원회 토론을 상당 부분 참고하였다.

66 http://oireachtasdebates.oireachtas.ie/debates%20authoring/debateswebpack. nsf/takes/dail2013071800021?opendocument#T00100 (검색일 2017년 3월 26일).

기도 하였는데[67], 이는 첫 번째 총회의 논의에서 잘 드러난다. 첫 번째 안건이 부결되었음에도 불구하고, 공천 과정에서 시민들에게 발언권을 주어야 한다는 안과 대통령 후보직 출마의 연령 조건을 현행 35세에서 21세로 낮추어야 한다는 보충적인 권고안을 도출하였다. 뿐만 아니라 투표 연령을 낮출 것인지의 여부를 다루는 것에 그치지 않고 추가적 논의를 통해 17세가 아닌 16세로 낮추어야 한다는 합의에 이르렀다.

이러한 내용을 담고 있는 첫 번째 보고서는 2013년 3월 의회에 제출되었다. 정부는 대통령 후보직 출마 연령 조건에 대한 컨벤션의 권고를 받아들여 2015년 5월 22일 국민투표에 회부하였으나 73%의 반대로 부결되었다. 정부는 또한 투표 연령을 16세로 낮추어야 한다는 권고 또한 수용하여 국민투표를 실시하겠다고 밝혔으나[68] 2015년 발표한 국민투표 안건에서 그 내용을 누락하여 약속을 저버렸다는 비난을 받았다.[69] 한편 공천 과정에서 시민들의 발언권이 확대되어야 한다는 권고안은 의회 위원회 논의에서 다루어졌다. 요지는 이미 시민들은 선출된 대리인들을 통해 전국적·지역적 수준 모두에서 공천 과정에 참여하고 있으며, 직접적인 공천 참여는 오히려 이 과정을 악화시킬 수 있다는 것이었다.

② 여성의 권리[70]

2013년 2월 16~17일 개최된 두 번째 총회는 안건 6번과 안건 7번

---

67 https://www.irishtimes.com/news/politics/inside-the-convention-on-the-constitution-1.1744924 (검색일 2017년 3월 26일).

68 2015년 이내에 실시할 것이라 약속하였다.

69 http://www.thejournal.ie/voting-age-16-1884047-Jan2015/ (검색일 2017년 3월 26일).

70 http://oireachtasdebates.oireachtas.ie/debates%20authoring/debateswebpack.nsf/takes/dail2013101000010?opendocument#H03100 (검색일 2017년 3월 26일).

에 대해 다루었다. 심의의 대상이 된 헌법 41조 2항, '가정에서의 여성 역
할'에 관한 조항은 수십 년간 비판적으로 검토되어온 것이었다. 구성원
들은 해당 조항이 가정 내 보호자를 포함하는 성평등적 용어로 수정되
어야 한다는 데에 98%의 압도적인 지지를 보냈다. 또한 가정의 영역을
넘어선 보호자를 포함하여 수정되어야 한다는 데에도 합의하였다. 그러
나 구체적인 대안 문구를 제시하지는 않았다. 정부는 국민투표에 회부
하기에 앞서 적절한 용어를 선정하기 위해 광범위한 조사가 선행되어야
하며, 따라서 국민투표 개최를 위한 타임라인을 제시하는 것이 불가능
하다고 밝혔다.

〈표 3〉 아일랜드 헌법 41조 2항 관련 표결

만약 컨벤션이 변화를 지지한다면, 어떤 변화(들)를 지지하십니까?	예	아니오	의견 없음
가정 내 다른 보호자들 (other carers in the home)을 포함하도록 성평등화(gender-neutral) 할 것	98%	2%	0%
가정 밖의 보호자(carers beyond the home)도 포함하기를 원하십니까?	62%	31%	7%

자료: Second Report of the Convention on the Constitution

　　한편 헌법이 공적 영역 및 정치에서 여성의 참여를 강화하기 위한
국가의 의무를 명시해야 하는가에 대한 투표는 찬성 49%, 반대 50%의
결과로 귀결되었다. 그러나 헌법적 의무로 명시하지 않더라도 정부가 여
성의 공적·정치적 참여를 장려하기 위해 노력해야 한다는 데에는 97%
가 찬성했다. 이에 대해 정부는 아일랜드 하원의 여성 대표성이 유럽연
합 평균에 미치지 못할 뿐 아니라 기업 이사회의 여성 비율 또한 저조함
을 인식하고 있다며, 정부가 다양한 이니셔티브를 완수하고 있을 뿐 아

니라 계획 중에 있음을 밝혔다.

③ 동성 결혼[71]

세 번째 총회는 2013년 4월 13일과 14일에 걸쳐 동성 결혼과 관련한 헌법 개정이 필요한지를 심의하였다. 구성원 다수인 79%가 동성 결혼을 허용하는 헌법적 변화가 필요하다는 것에 동의하였으며, 단순히 허용하는 정도를 넘어 합법화를 지휘하는 정도가 되어야 할 것이라는 데에 78%가 찬성하였다. 더 나아가 헌법이 개정된다면 동성 결혼한 부부의 자녀 양육, 후견 등을 다루는 법안이 도입되어야 한다는 것에 합의하였다. 정부는 이 권고를 받아들여 2015년 5월 22일 국민투표에 동성 결혼을 합법화하는 헌법 개정안[72]을 회부하였으며, 62%의 찬성으로 통과되있다.

④ 하원 선거제도[73]

헌법 컨벤션은 2013년 5월 18~19일 4차 및 6월 8~9일 5차 총회를 하원 선거제도 재고에 전념하였다. 다른 주제에 비해 더 오랜 시간을 쏟

---

[71] https://en.wikipedia.org/wiki/Thirty-fourth_Amendment_of_the_Constitution_of_Ireland (검색일 2017년 3월 27일), http://oireachtasdebates. oireachtas.ie/debates%20authoring/debateswebpack.nsf/takes/dail2015031000 036?opendocument#N19 (검색일 2017년 3월 27일).

[72] 제34차 헌법 개정안(Thirty-fourth Amendment of the Constitution(Marriage Equality) Bill 2015)은 2015년 1월 21일 공표되었으며 만약 국민투표에서 통과된다면 헌법 41조의 3항 뒤에 새로운 조항을 삽입하게 된다는 내용을 골자로 한다. 새로이 추가될 41조 4항은 두 사람이 결혼하는 데 성별에 따른 차별은 없다는 내용으로, 헌법이 개정된다고 해서 기존의 41조에 수정이 가해지는 것은 아니다. 더 자세한 내용을 위해서는 하원 논의를 참고하라.

[73] http://oireachtasdebates.oireachtas.ie/debates%20authoring/debateswebpack. nsf/takes/dail2014121800047 (검색일 2017년 3월 27일).

은 이유는 컨벤션에 주어진 여덟 가지 안건 중 하원 선거제도가 가장 기술적이며 복잡한 것이었기 때문이다. 5월 회의에서 현행 선거제도인 단기이양식 비례대표제 및 세 가지 대안적 제도[74]에 대해 검토하였으며, 6월 회의에서 5월 회의의 내용을 바탕으로 표결을 진행했다.

컨벤션은 현행 제도를 유지하되 여러 측면의 변화가 필요하다는 결론을 내린다. 현행 선거제도를 개선하기 위한 권고 사항으로는 선거구 크기를 최소 3명에서 5명으로 확대하고 투표용지에 후보자 명을 알파벳순이 아닌 무작위로 기재할 것, 선거관리위원회(Electoral Commission)를 설립할 것, 투표 시간을 연장할 것, 부재자투표(postal voting)의 접근성을 확대할 것, 선거인 명부의 정확성을 향상시킬 것 등이 포함되었다. 컨벤션은 이외에 하원 선거제도와 관련 없는 사안들에 대해서도 몇 가지 개선 방향을 제시한다. 예컨대 비의원 장관을 허용할 것, 장관직과 의원직의 겸임을 금지할 것, 국민발의를 통한 법률 제정을 허용할 것 등이었다.

2014년 12월, 정부는 컨벤션의 네 번째 보고서에 대한 공적 응답을 발표했다. 먼저 정부는 선거관리위원회를 설립하라는 권고안을 수용하며 이를 실현하기 위한 예비적 절차에 착수하였다고 밝혔다. 그러나 투표용지 구성이나 투표 시간, 부재자투표 등은 앞으로 설립될 선거관리위원회의 소관이라며 한발 물러섰다. 하원 선거구의 규모를 확대해 의원 수를 늘려야 한다는 권고에 대해서는 거부의 의사를 밝혔는데, 선거구 규모는 현행법상 정해져 있다고 덧붙였다. 선거인 명부의 정확성을 높여야 한다는 권고는 수용한다며 문제 해결을 위해 이해당사자들과 지속적으로 노력하겠다고 답하였다.

---

[74] 대안으로 고려한 제도는 명부식 비례대표제, 단순다수대표제 혹은 호주식 대안투표제, 그리고 혼합형 비례대표제(MMP)였다.

12월의 공적 응답에 포함되지 않은 사안들은 2015년 4월, 서면 답변[75]에서 다루어졌다. 먼저 헌법이 총리로 하여금 두 명에 한해 하원 의원으로 선출되지 않았더라도 상원 의원으로 지명된 경우 장관으로 임명할 수 있도록 허하기 때문에 비의원 장관을 배출할 수 있는 방안이 이미 존재한다고 지적하였다. 그러면서 1937년 이래 단 두 명의 총리만이 이 방식을 활용하였는데, 이미 존재하면서도 활용성이 낮은 선택지를 위해 국민투표를 실시하는 것은 정당화하기 어렵다고 설명했다. 또한 장관직과 의원직의 겸직 금지의 국민투표 회부도 어려움이 있다고 밝혔다. 이미 장관직과 의원직을 겸하고 있는 이들이 있기 때문에 실질적으로 국민투표를 실시하기 위해서는 공석 승계를 위한 추가적인 논의가 필요하다는 것이었다. 마지막으로 국민발의 활성화는 이미 성공적으로 이루어지고 있다고 주장했다. 헌법 컨벤션 자체도 국민 참여를 위한 통로로 볼 수 있을 뿐 아니라 이외에도 2011년 이래 다양한 하원 개혁 방안을 추진하며 실질적 개방성을 추구하고 있다고 덧붙였다.

⑤ 재외국민투표

재외국민의 대선 투표권을 보장하기 위한 헌법 개정이 필요한지에 대한 논의는 2013년 9월 28~29일에 진행된 여섯 번째 총회에서 이루어졌다. 아일랜드 인구는 480만 명에 불과한 반면 재외국민 수는 360만 명에 달할 것으로 추정되기 때문에 재외국민투표가 실시된다면 그 효과가 상당할 것으로 예상되었다.[76] 심의 결과 70% 이상의 구성원이 재외국

---

[75] http://oireachtasdebates.oireachtas.ie/debates%20authoring/debateswebpack. nsf/takes/dail2015042100056#WRD00800 (검색일 2017년 3월 27일).

[76] http://www.euractiv.com/section/elections/news/irish-referendum-could-allow-voting-abroad-following-23-eu-countries/ (검색일 2017년 3월 27일).

민의 대선 참정권을 보장해야 한다는 데 동의하였다. 이에 대한 응답으로 정부는 2015년 6월, 관련 논의가 진행되고 있다고 밝혔으며[77] 2017년 3월 엔다 케니 총리는 재외국민 및 북아일랜드 주민의 대선 참정권 보장을 안건으로 국민투표를 실시하겠다고 밝혔다. 국민투표의 일시는 아직 미정인 상태이지만 정부 보고서에 의하면 '적절한 때에' 결정될 예정이다.[78, 79]

⑥ 신성모독 금지 조항

2013년 11월 첫째 주 주말, 헌법 컨벤션은 의회 결의안이 명시하고 있는 마지막 주제를 가지고 열띤 토론을 벌였다. 해당 조항을 완전 제거하는 것부터 국제적 규범에 맞도록 개정하는 것까지 다양한 안이 논의되었다. 컨벤션은 법률적 관점과 더불어 "어떤 사회가 개인으로 하여금 윤리적 삶을 추구하도록 이끌고 개인적으로나 집합적으로 번영토록 하는가?"와 같은 철학적 접근법도 고려하였다. 심의 결과, 구성원 다수는 헌법에서 신성모독 금지 조항이 삭제되어야 한다는 데 동의하였으며, 종교적 증오에 대한 선동을 금지하기보다 일반적인 조항으로 대체되어야 한다고 권고하였다. 2014년 10월[80], 정부는 컨벤션의 권고를 수용해 관련 조항의 수정을 위한 국민투표를 개최할 것이며, 세부 사항에 대한

---

[77] http://oireachtasdebates.oireachtas.ie/debates%20authoring/debateswebpack.nsf/takes/dail2015060900026?opendocument (검색일 2017년 3월 27일).

[78] http://www.independent.ie/irish-news/politics/referendum-to-be-held-to-allow-irish-citizens-living-abroad-to-vote-in-presidential-elections-35523532.html (검색일 2017년 3월 27일), https://www.rte.ie/news/2017/0312/859078-st-patricks-day/ (검색일 2017년 3월 27일).

[79] http://www.housing.gov.ie/ (검색일 2017년 3월 27일).

[80] http://oireachtasdebates.oireachtas.ie/debates%20authoring/debateswebpack.nsf/takes/dail2014100200011?opendocument#N5 (검색일 2017년 3월 27일).

협의가 완료되고 필요한 법안이 준비되면 적절한 일시가 결정될 것이라 밝혔다. 한편 현재(2017년 3월)까지 국민투표 실시를 위한 구체적인 진전이 이루어지지는 않았다.

◆ 헌법 컨벤션이 선택한 이슈

2013년 12월, 구성원들은 마지막 두 번의 총회에서 심의하고자 하는 안건을 선정하였다.[81] 하나는 하원 개혁, 다른 하나는 경제적·사회적·문화적 권리였다. 헌법 컨벤션은 추가적으로 고려할 이슈에 대해 대중들의 참여를 구하고자 800건이 넘는 제안서를 제출받았으며, 아홉 번의 지역 회의를 주최하였다.

① 하원 개혁

2014년 2월 첫째 주에 개최된 여덟 번째 총회에서 컨벤션은 하원 개혁의 방안으로 하원의장(Ceann Comhairle)을 헌법에 언급함으로써 '더 높은 지위(more status)'를 부여하고 비밀투표를 통해 선출되도록 할 것, 헌법에서 위원회(committee)를 언급할 것, 내각의 사전 승인 없이도 예산 및 공금 책정을 가능케 할 것[82]에 합의하였다. 정부는 2016년 1월 공

---

81 캐롤란(Carolan 2015)은 추가적 안건을 선정하는 데 있어서 "투명성과 명료성이 눈에 띄게 부족했다"고 지적했다. 물론 다양한 채널을 통해 대중들의 제안을 구하려는 시도는 있었지만, 이 제안들을 평가한 기준 혹은 절차에 대한 설명은 주어지지 않았다. 또한 ESC는 시민단체들이 활발한 활동을 펼치고 있는 분야라는 점에서 특정 집단이 특별한 접근을 허용받고 있다는 인상을 주었다. 이 주제는 대중들이 중요하게 생각한 정치개혁의 주제와 연관되기보다는 시민단체가 선거운동용 인쇄물에서 주로 활용했던 이슈였기 때문이다. 의장이 이 분야에서 활동하던 조직 출신이라는 점 등과 더불어 헌법 컨벤션이 특정 엘리트의 영향에 취약한 것이 아니냐는 우려가 강화되었다.
82 아일랜드 헌법 17조 2항은 총리가 서명한 정부의 성명(message)이 없을 시 하원

적 응답[83]을 통해 세 번째 권고안에 대한 거부 의사를 밝힌 반면 나머지 권고들은 수용하겠다고 답하였다.

② 경제적·사회적·문화적 권리

2월 말에 소집된 아홉 번째 총회는 사회경제적 권리로서 경제적·사회적·문화적 권리[84]에 대해 심의하였다. 경제적·사회적·문화적 권리는 이미 국제적 규범은 물론이고 국내법 등에 의해 보호되고 있으나 컨벤션의 절대다수인 85%가 실질적인 경제적·사회적 및 문화적 권리 보호를 위한 헌법 개정이 필요하다고 입을 모았다. 다시 말해, 정부가 경제적·사회적 및 문화적 권리의 실현을 위해 가능한 최대의 자원을 동원해야 하며, 이 의무는 법원이 인정해야할 뿐 아니라 주거권, 사회보장권, 보건권, 장애인의 권리, 언어 및 문화적 권리 그리고 경제적·사회적 및 문화적 권리에 관한 국제 규약에 해당되는 권리 등과 같은 구체적인 권리를 헌법에 추가해야 한다고 권고하였다. 정부는 보다 구체적인 논의를 위해 관련 위원회에 해당 보고서를 언급하겠다고 답하였다.[85]

이 예산과 관련한 법안이나 결의안 등을 처리하지 못하도록 규정하고 있다.

83 http://oireachtasdebates.oireachtas.ie/debates%20authoring/debateswebpack. nsf/takes/dail2016011400039#MM00300 (검색일 2017년 3월 27일).

84 경제적 권리란 노동권·재산권 그리고 노동 조건을 포함하는 다양한 권리를 의미하며, 사회적 권리란 사회적 안보·교육 그리고 적절한 수준의 삶의 질을 보장할 것 등을 골자로 한다. 한편 문화적 권리는 인종적 소수가 언어·신념·문화 등을 수호할 권리를 포함하여 공동체 문화에 참여할 권리를 가리킨다. 보다 자세한 내용은 헌법 컨벤션 공식 홈페이지를 참고하라.

85 http://oireachtasdebates.oireachtas.ie/debates%20authoring/debateswebpack. nsf/takes/dail2016011400039#MM00300 (검색일 2017년 3월 27일).

◆ 최종 보고서

헌법 컨벤션은 2014년 3월 31일 최종 보고서를 공식적으로 발표한다. 최종 보고서는 정부, 의회 혹은 미래의 컨벤션[86]이 논의해야 하는 주제로 환경 보호, 정교 분리, 상원 및 지방 정부 개혁, 가정의 정의(definition of the family), 회복의 가망이 없는 환자의 죽을 권리 인정(right to die) 등을 제안하고 있다. 그러나 정부는 두 번째 컨벤션의 설립이나 논의할 안건 등은 다음 정부의 소관이라고 답하였다.[87]

(4) 한계 및 의의

헌법 컨벤션은 세계 최초로 무작위 선출된 시민과 의원들이 함께 헌법 개혁을 위해 머리를 맞댄 숙고의 장을 마련하였다. 컨벤션 초기에는 일반 시민과 의원의 혼합 구성이 일반 시민을 위축시킬 것이라는 주장이 상당한 동의를 얻었다.[88] 그러나 구체적인 운영 방식, 예를 들어 참가자들이 7~8개의 테이블로 분산되며, 각 테이블에는 훈련된 조력자가 배치된다는 점 등은 차별 없이 동등한 발언권을 보장하는 데 기여하였다. 더욱이 정치인들의 참여는 컨벤션과 의회로 대표되는 실제 정치와 괴리를 최소화하는 기제로 작용하기도 하였다(Farrell, 2014b).

또 다른 비판은, 컨벤션 권고안이 자문적(advisory) 역할에 그칠 것이라는 점이었다(Farrell 2014b; Carolan 2015). 캐나다 두 개 주의 시민의회는 권고안이 자동적으로, 다시 말해 추가적인 절차 없이 곧 국민투표

---

[86] 구성원들은 만장일치로 두 번째 컨벤션이 필요하다는 데에 동의하였다.

[87] http://oireachtasdebates.oireachtas.ie/debates%20authoring/debateswebpack. nsf/takes/dail2016011400040?opendocument (검색일 2017년 3월 27일).

[88] https://www.irishtimes.com/news/politics/inside-the-convention-on-the-constitution-1.1744924 (검색일 2017년 3월 27일).

로 이어졌다. 이에 반해 아일랜드의 헌법 컨벤션은 정부가 국민투표 회부 여부에 대한 최종 결정권을 가지고 있었다. 실제로 컨벤션은 아홉 개의 보고서를 통해 서른 여덟가지의 변화를 권고하였으며, 이 중 열여덟 가지가 헌법 개정을 요하였으나 국민투표가 실시된 것은 두 번(대통령 출마 연령 제한 관련, 동성 결혼 허용)에 불과하다. 그러나 때때로 보고서가 지연되었음에도 불구하고 정부는 공식적인 정부 입장의 형태로 된 공식적 응답을 발표하였을 뿐만 아니라 국민투표가 실제로 실시되었으며 또 실시될 예정이라는 점에서, 컨벤션의 활동이 단지 상징적 가치에 지나지 않았다고 비판하기는 어렵다.

톰 아널드 의장은 최종 보고서에서 헌법 컨벤션의 활동을 "아일랜드의 정치적 삶에 있어 매우 중요한 사건"이라 평가하였다. 공정한 방식으로 정보가 제공되고 질문할 기회가 주어지며 적절한 논의의 장이 형성된다면, 시민은 얼마든지 복잡하고 기술적인 이슈에 대해 이해하고 이를 바탕으로 합리적인 정책적 결정을 도출할 수 있음을 증명해 보였다. 몇몇 중요한 비판에도 불구하고 헌법 컨벤션은 심의적 접근을 통해 시민들의 실질적인 정치적 기여를 가시화함으로써 '어떤 변화를 이룰 것인가'에 그치지 않고 '어떻게 변화를 이룰 것인가'로 논의를 확장시켰다는 데에 의의가 있다.

2) 아일랜드 시민의회(The Citizens' Assembly)[89]

(1) 도입 배경
아일랜드에서 가장 오래된 논쟁거리 중 하나는 바로 낙태(abortion)

---

[89] 시민의회 공식 홈페이지의 자료를 참고하였다.

이다. 수정헌법 제8조[90]는 태어나지 않은 아이의 생명권을 인정함으로써 낙태를 전면 금지하도록 명시하고 있다. 1967년 영국의 낙태법(Abortion Act 1967), 1973년 미국의 '로 대 웨이드(Roe v. Wade) 판결' 등을 통한 낙태의 비범죄화를 상기할 때, 이 문제에 대한 보수성의 뿌리는 아일랜드가 독실한 가톨릭 국가라는 사실에서 찾을 수 있다. 가톨릭의 기풍은 여전히 아일랜드의 헌법, 법률, 정부, 사회적 습속(mores) 등에 강력한 영향력을 떨치고 있다(Porter 1996). 이를 보여주듯 아일랜드는 매우 제한적이고 구속적으로만 낙태 시술을 허용한다. '산모의 생명이 위험한 경우[91]'를 제외한 모든 경우, 예컨대 성폭력이나 근친상간, 태아의 중대한 결함 등은 시술의 사유로 받아들여지지 않는 것이다.

낙태 합법화에 대한 요구는 사비타 할라파나바르(Savita Halappa-navar)의 죽음을 계기로 거세어졌다. 2012년 복통을 호소하며 병원을 찾은 17주 차 임산부 사비타는 의료진으로부터 태아가 생존할 가능성이 없다는 진단을 받았다. 몸 상태가 악화되는 것을 느낀 그녀는 수차례 낙태를 요청하였으나 태아의 심장이 뛰고 있다는 이유[92]로 거절당했다. 사비타는 이후 패혈증으로 사망하기에 이른다. 이 과정에서 병원 관계자가 그녀에게 낙태 시술이 불가한 이유로 "아일랜드는 가톨릭 국가이기 때문"이라 말한 사실이 밝혀져 논란이 되기도 하였다.[93] 그녀의 죽음은

---

90 1983년 헌법 개정 전 실시된 국민투표에서 투표자의 66.45%가 '태아의 권리'를 헌법에 삽입하는 데 동의했다.
91 1992년과 2002년에 실시된 두 차례 국민투표에서 투표자들은 '자살'의 위험을 낙태 시술 사유로 포함하는 헌법 개정에 동의하지 않았다.
92 아일랜드는 임신으로 여성의 생명이 위험한 경우에만 낙태를 허용하기 때문에, 생리학적 결함으로 인해 태아의 생존이 어렵다고 해도 출산하거나 자연유산을 기다려야만 한다.
93 https://www.rte.ie/news/special-reports/2013/0418/382308-timeline-savita-halappanavar/ (검색일 2017년 3월 29일).

'엑스 케이스(X case)'[94] 이래로 약 20년간 잠잠하던 수정헌법 제8조 폐지를 위한 캠페인을 되살리는 계기가 되었다.

사비타의 죽음 이후 프로 초이스(pro-choice, 낙태 찬성) 진영은 다양한 캠페인 활동을 펼쳐왔으며, 이에 대한 대중 및 정치권의 반응도 달라지기 시작하였다. 2016년 총선 직전 실시된 여론조사 결과[95]에 따르면 압도적 다수인 87%의 응답자가 낙태 수술에 대한 접근성이 확대되어야 한다고 답하였으며 72%는 낙태가 비범죄화되어야 한다고 답하였다. 프로 라이프(pro-life, 낙태 반대) 입장을 고수해온 아일랜드 공화당 지도자 마이클 마틴(Micheál Martin)은 낙태 합법화를 위한 정당 캠페인을 벌이진 않을 것이지만, 의회에 안건으로 상정되는 경우 의원들의 자유투표를 허용할 것이라고 말하기도 하였다.[96]

낙태는 2016년 총선 캠페인에서 가장 핵심 이슈 중 하나로서, 다수의 정당[97]이 수정헌법 제8조 폐지를 위한 국민투표를 실시할 것을 공약으로 내걸었다. 엔다 케니 총리는 2015년 11월, 낙태 이슈가 30년간 아

---

[94] 강간으로 인해 원치 않는 임신을 한 14세 소녀가 낙태 시술을 받고자 영국으로 떠나려 하였으나 정부에 의해 거부당하고 9개월간 억류되는 사건이 발생한다. 이에 대법원은 1992년 자살을 포함하여 산모의 생명이 위험에 처할 경우 낙태 시술을 받을 권리가 있다는 판결을 내린다(X case). 이후 개최된 3차례의 국민투표를 통해 외국에서 낙태 시술을 받는 것이 가능하도록 개헌이 이루어진다. 낙태를 위해 외국을 방문하는 아일랜드 여성은 연간 4000여 명에 이른다고 알려졌다.

[95] https://www.amnesty.ie/amnesty-internationalred-c-poll-reveals-irish-public-want-expanded-access-abortion-political-priority-incoming-government/ (검색일 2017년 3월 30일).

[96] https://www.rte.ie/news/2015/1126/749436-eighth-amendment/ (검색일 2017년 3월 30일).

[97] 노동당(Labour), 녹색당(Green Party), 신페인당(Sinn Féin), 아일랜드 공산당(Communist party of Ireland) 그리고 노동자 정당(Workers' Party) 등의 매니페스토 및 정책 입장 표명에서 이와 같은 내용을 확인할 수 있다.

일랜드 사회를 분열시켜 왔음을 지적하며 재선에 성공한다면 취임 6개월 이내에 이 문제에 대해 논의할 시민의회 혹은 컨벤션을 설립하겠다고 약속하였다.[98] 통일아일랜드당 매니페스토는 보다 구체적으로 "새로운 시민의회(New Citizens' Assembly)의 설립은 낙태 문제에 관해 심도 있는 검토를 할 수 있도록 공개적이고 포괄적인 절차를 제공할 것"이라며, 시민의회에서 발행된 보고서는 의료 및 법률 전문가들이 참여하는 초당적 위원회(all-party committee)에서 논의하겠다고 언급하고 있다.

2016년 총선 결과 형성된 통일아일랜드당-무소속 소수 여당 정부는 같은 해 5월, 시민의회 설립을 약속한 정부 프로그램(A programme for a Partnership Government)을 발표한다.

"우리는 장기간에 걸쳐 제한된 수의 중요한 사안들에 대해 검토할 의무가 있는 시민의회(Citizens' Assembly)를 6개월 내에 설립한다. 안건들은 헌법과 직접 관련을 가지는 범위로만 한정되는 것은 아니며, 예컨대 국가로서 노령화 사회의 어려움과 기회에 어떻게 대응할 것인지와 같은 문제에 대해서도 숙고하게 된다. 우리는 시민의회에 수정헌법 제8조, 고정임기 의회, 국민투표 실시 방식[99]을 포함한 헌법 수정 방안에 대한 권고안을 요청할 것이다."

(2) 구성 절차

2016년 7월 13일, 아일랜드 하원은 시민의회 설립을 승인하는 결의안[100]을 통과시키며, 그 소명으로 정부 프로그램에 명시된 네 가지 안건

---

[98] https://www.rte.ie/news/2015/1127/749698-abortion/ (검색일 2017년 3월 30일).

[99] 여러 개의 국민투표가 한 번에 개최되는 국민투표의 날(super referendum day)의 필요한가? 등

[100] http://oireachtasdebates.oireachtas.ie/debates%20authoring/debateswebpack.

과 추가적으로 언급될 수 있는 쟁점들을 고려하고, 권고안을 도출하여 의회에 보고하는 것이라 하였다. 노동당은 추가적 안건으로 '기후 변화 이슈(the issue of climate change)'를 제안하였는데, 이 개정안이 통과됨으로써 시민의회가 다루게 될 안건은 총 다섯 가지로 결정되었다. 이외에도 하원 결의안은 아래와 같은 내용을 포함하고 있으며, 유사한 결의안이 7월 15일 상원을 통과하였다.

✢ 시민의회 설립 결의안

- 시민의회는 정부에 의해 임명된 의장 1명과 99명의 일반 시민으로 구성한다. 일반 시민은 아일랜드 사회를 폭넓게 대변할 수 있도록 무작위로 선출한다.
- 시민의회는 가능한 한 경제적인 방식으로 사업을 효과적으로 수행하기 위해 자체적인 절차상의 규칙에 합의한다.
- 시민의회는 가장 먼저 수정헌법 제8조에 대한 보고서와 권고안을 의회에 제출한다. 이는 양원 위원회에 보고된 후 논의에 부쳐진다.
- 시민의회는 나머지 안건에 대한 심의가 완료되는 대로 의회에 보고하되, 활동 기간은 시민의회의 첫 회의 일자로부터 1년을 넘지 않도록 한다.
- 시민의회의 활동을 돕기 위한 전문가 자문 그룹(Expert Advisory Group)을 구성한다.
- 시민의회는 관련 기관(interested bodies)으로부터 제안서를 요청하거나 제출받을 수 있으며, 바람직하다고 판단되는 경우 전문가의 조언을 구할 수 있다.
- 시민의회의 모든 문제는 투표에 참여한 구성원의 다수결로 결정되며, 동수일 경우 의장이 캐스팅 투표권을 행사한다.
- 정부는 의회를 통해 시민의회의 각 권고안에 대한 응답을 제공하며, 권고안을 수용하는 경우 국민투표 개최를 위한 기간(timeframe)을 명시한다.

---

nsf/takes/dail2016071300051?opendocument#YY00400 (검색일 2017년 3월 30일).

정부는 7월 27일, 대법원 판사인 메리 러포이(Mary Laffoy)를 의장으로 임명한다. 곧이어 9~10월에 걸쳐 이루어진 99명의 시민 구성원 및 99명의 예비후보자[101] 선출은 경쟁 입찰 과정[102]에 따라 '레드 씨 리서치 마케팅(RED C Research and Marketing Ltd)'이 전담하였다. 시민 구성원은 무작위로 선출하되 인구조사에 반영된 인구통계학적 변인을 대표하도록 조정하였다. 헌법 컨벤션의 구성원 모집과 마찬가지로 지리적 분산을 반영하기 위해 층화추출(stratified sampling)을 통해 표본을 추출하였으며, 여기에 성별·나이·사회적 계급 등과 같은 세부적인 인구통계학적 특성에 기초한 할당을 반영하였다. 결과적으로 의장을 포함한 100명 중 여성이 52명, 남성이 48명으로 구성되었고, 연령 분포는 국민투표에 참여 가능한 18세를 하한으로 18~24세 10명, 25~39세 29명, 40~54세 28명, 55세 이상 33명으로 꾸려졌다.[103] 시민의회 참여를 자원하는 것은 불가능했으며 모든 구성원은 앞서 설명한 방식으로만 선출될 수 있었다.

대표성의 원리를 훼손하지 않기 위해 참여를 독려하는 금전적 인센티브는 주어지지 않았다. 또한 시민의회가 숙고할 의제와 관련된 시민단체 혹은 이익집단의 회원으로 소속된 경우 참여할 수 없도록 하였다. 헌법 컨벤션과 달리 이익집단이 관심 주제에 대해 따로 의견을 개진

---

101 실제 11명이 하차를 결정해 1차 회의 때 11명이 예비후보자 명단으로부터 충원되었다.

102 시민 구성원 선출 외에도 회의 장소 제공, 시민의회 활동의 녹화, 생방송, 스트리밍 서비스, 언론 공보 서비스(Media Liaison Services), 아일랜드어 통역 등 시민의회의 설립과 운영에 필요한 서비스 제공 업체 선정에 경쟁 입찰 방식이 활용되었다.

103 http://www.hani.co.kr/arti/politics/politics_general/781923.html#csidx86b2759f5ff3bbc8829e3acf03960c6

할 수 있는 기회가 주어졌기 때문이다. 또한 상·하원 의원의 경우, 의회 논의 과정에 참여할 수 있었기 때문에 무작위로 선출되었더라도 배제된 반면 기타 정치인이나 선출직 공무원들의 참여는 열려 있었다. 레드 씨는 충원이 완료된 후 유효성 검증 통화를 통해 참가자의 세부 정보, 적절한 방식으로 충원되었는지의 여부, 참여 의사 등을 재확인하였다.

한편 시민의회 참여 이전에 특정한 의제에 대해 의견을 피력한 사실이 참여 자격을 박탈하지는 않았다. 구성원 모집이 무작위로 이루어진 만큼 시민들은 논쟁이 진행 중인 사안에 대해 어떤 의사라도 표현할 수 있었다. 구성원 간의 이러한 의견 차이는 충분히 예상되는 것일 뿐 아니라 '시민의회가 추구하는 가치의 일부'이기 때문이다. 그러나 의장은 동료 시민 구성원에 대한 존중의 표시이자 시민의회 운영의 진실성(integrity)을 위해 논의가 진행되고 있는 사안에 대한 공적 코멘트를 삼갈 것을 요청받았다.

(3) 시민의회의 운영과 진행

시민의회의 첫 회의는 2016년 10월 15일, 더블린 성에서 개최되었다. 이후의 회의 장소는 입찰에 성공한 그랜드호텔 말라하이드(Grand Hotel, Malahide)가 제공하기로 결정되었다. 회의의 형식은 대체로 의장이 서두를 뗀 후, 전문가들의 프레젠테이션, 시민사회 및 시민단체의 프레젠테이션이 이어진다. 제출된 제안서들을 숙고하기 위한 시간, 질의응답 및 토론을 위한 장 등이 마련된다. 시민의회 활동의 초석은 다름 아닌 시민들의 '심의'이기 때문에, 각 회의 때마다 이를 촉진하기 위한 원탁회의(roundtable discussions) 세션을 여러 차례 제공한다.

원탁회의는 크게 두 가지 유형으로 구분할 수 있다. 하나는 전문가나 초청된 연사의 프레젠테이션 이후 구성원들이 들은 내용에 대해 토론하고, 서로의 의견을 교환할 수 있도록 마련된 비공개 세션(private session)이다. 여기서 조력자 및 기록담당자는 기본 원칙에 따른 토론이 진행될 수 있도록 돕고, 기록 관리(record keeping)를 위해 제기된 질문을 비롯하여 토론을 요약한 내용을 기록한다. 다른 하나는 때때로 시민의회의 특정한 문제, 예컨대 권고안이 어떻게 형성되어야 하는가와 같은 문제에 대해 한층 더 상세히 고려할 시간을 제공하기 위해 원탁회의를 계획한다. 이 형식의 원탁회의에서 조력자 및 기록담당자는 토론의 내용을 기록한 후 공동 세션(public session)에서 의장에게 보고하게 된다. 조력자는 원탁회의에 참여한 구성원들을 대신하여 말하게 되는데, '우리의 시각'과 같은 용어는 지양하되 '이 테이블의 시각'이라는 보다 중립적인 용어를 사용해야 한다. 또 유의할 점은 각 테이블에 참여한 모든 구성원의 시각을 최대한 반영해야한다는 것이다. 시민의회의 주요 원칙(key principles)[104] 중 하나인 평등한 발언권(equality of voice)을 존중하기 위해 모든 참여자의 시각이 의장에게 보고되는 것이 매우 중요하기 때문이다.

비공개 세션을 제외한 총회(plenary meeting)의 전 과정은 공식 홈페이지에서 생중계한다. 이는 시민의회의 주요 원칙 중 하나인 개방성을 위한 것으로, 완전한 투명성에 기반한 운영을 위해 회의 공개는 물론 홈페이지에 업로드되는 모든 문서는 무료로 열람할 수 있도록 하고 있다. 서면 제안서(written submissions)는 일반 대중 뿐 아니라 이익단체[105]로

---

[104] 시민의회의 주요 원칙(Key principles)은 헌법 컨벤션의 다섯 가지 원칙인 개방성, 공정성, 평등한 발언권, 효율성, 협력에 존중(respect)을 더한 여섯 가지로 이루어진다. 의장은 첫 회의에서 구성원들이 괴롭힘(harassment)이나 비판(criticism)의 두려움 없이 자유롭고 당당하게 의견을 피력할 수 있도록 보장하기 위함이라 밝혔다.

[105] http://oireachtasdebates.oireachtas.ie/debates%20authoring/debateswebpack.

부터도 제출받았으며, 더 나아가 직접적으로 시민의회에 대변되지 않은 이주민(diaspora), 18세 미만의 청소년 등을 포함한 사회의 모든 부문으로부터 의견을 들을 수 있도록 완전히 개방되었다.

메리 러포이 의장은 첫 회의 때, "시민의회 업무 프로그램(work programme)의 균형을 유지하기 위해서는 구조(structure), 원칙(principle), 규칙(rule) 그리고 절차(procedure)가 매우 중요하다. 이런 점에서 시민의회가 헌법 컨벤션과 '위 더 시티즌(We the Citizens)' 프로젝트를 기반으로 할 수 있다는 것은 행운"이라고 밝혔다. 시민의회는 첫 회의에서 아래와 같은 열일곱 가지 규칙과 절차에 합의하였다.

✣ 시민의회의 규칙과 절차 (Rules & Procedures)

1. 회의의 시기, 빈도 및 개방성
회의는 2016~2017년 주말(토요일과 일요일), 호텔에서 진행된다. 회의 날짜에 대한 자세한 내용은 홈페이지에서 확인할 수 있다. 일반 대중은 회의에 참여할 수는 없지만 총회는 홈페이지에서 실시간 스트리밍으로 확인할 수 있다.

2. 의장의 역할과 의무
의장은 유일한 질서의 심판자(sole judge of order)로서 2016년 7월 의회 결의안의 규칙과 조건에 따라 시민의회를 원활히 운영할 책임이 있다. 의장은 포럼의 효과적인 관리에 필요한 지원 서비스에 관여하며, 때때로 업무 진행에 적합하다고 판단되는 사안을 제안한다.

3. 업무 프로그램 (Work Programme)
업무 프로그램은 의장의 제안에 따라 시민의회가 동의해야 한다. 프로그램은 정기적으로 검토되어야 하지만 시민의회의 동의가 있을 때만 변경의 효력이 발생한다.

4. 운영위원회 (Steering Group)

---

nsf/takes/dail2016071900065#WRD01500 (검색일 2017년 3월 31일).

운영위원회는 시민의회가 그 역할과 기능을 효율적이고 효과적으로 이행할 수 있도록 돕는다. 운영위원회는 업무 프로그램과 관련된 계획 및 운영 문제를 지원한다. 운영위원회는 의장과 시민 구성원 일부 그리고 적절하다고 판단되는 대표단으로 구성한다.

5. 참가자의 개인 정보 보호

시민 참가자의 이름 및 출신 지역은 공식 홈페이지를 통해 확인 가능하지만 기타 개인 정보는 기밀 사항으로 부친다. 특정 주제에 대해 영향력을 행사하기 위해 시민 참가자에게 접촉하려는 개인/ 기관은 자동적으로 시민의회에 참여할 수 없도록 배제된다.

6. 토론/연설 방식

연설 방식의 형식과 구조는 사전 합의를 필요로 하는 일반적인 원칙으로서, 발언은 간결해야 하고, 정중해야 하며, 반복되어서는 안 된다. 의장은 발언자를 지목하며, 공정한 발언 시간 할당을 위해 노력해야 한다. 총회에 주어진 시간을 효율적으로 활용하기 위해 원탁회의에서 견해를 밝히고, 전문가에게 질문하고 상호 심의의 시간을 가지는 것이 장려된다. 원탁회의에서 논의는 총회에 간략히 보고된다.

7. 서류의 상정 및 회람 (Tabling and Circulation of Papers)

시민의회 사무국에 접수된 모든 서류는 공식 홈페이지를 통해 확인할 수 있다. 사이트 접근이 어려운 구성원에게는 대안적 방안이 제공될 것이다. 총회 전 서류 제출 마감일과 회람에 관련된 사항은 시민의회의 동의로 결정한다.

8. 시민의회에서의 프레젠테이션

특정 안건에 대한 제안서를 수령한 후, 시민의회는 심의를 돕기 위해 개인 혹은 집단으로부터 구두 프레젠테이션을 들을 수 있다. 운영위원회는 이 과정의 효율적 관리를 위해 시민의회에서 프레젠테이션을 진행할 기관의 선출에 대해 권고할 수 있다. 초대장(invitations)은 시민의회를 대신하여 의장이 발행한다.

9. 투표

필요한 경우, 투표는 출석하여 표결에 참여한 구성원들의 비밀투표로 진행된다. 투표는 시민 구성원 최소 2명 이상의 도움 하에 의장이 감독하도록 한다.

10. 전문가 자문 그룹 (Expert Advisory Group)

의회 결의안(Oireachtas Resolution)이 명시히였듯 시민의회는 정보 준비 및 조언을 위해 전문가 자문 그룹을 설립한다. 이 그룹은 정치학 및 사회과학을 포함한 여러 분야의 학자 및 실무자로 구성되며, 구성과 업무의 초점은 시민의회가 운영되는 과정에서 변경될 수 있다.

11. 아일랜드 언어 시설

필요한 경우 아일랜드어에서 영어로 동시통역 서비스가 제공된다.

12. 장애인을 위한 서비스 및 정보 접근성

2005년 장애인 법(Disability Act 2005) 및 공공기관에 의해 제공되는 공적 서비스 및 정보 접근성에 대한 행동 규범(the Code of Practice on Accessibility of Public Services and information Provided by Public Bodies)에 따라 실행가능하고 적절하다고 판단되는 한 장애인들에게도 서비스 및 정보에 대한 접근성을 보장되어야 한다.

13. 언론 및 소통

승인된 언론 구성원(authorized members of the media)은 시민의회에서 규정한 기간과 조건하에 총회에 참여할 수 있다. 일반적으로 의장이 행정 및 절차적 문제에 있어 대변인 역할을 수행한다.

14. 언론과 참가자들의 소통

참가자들은 주제에 대한 논의가 활발히 진행되는 동안 언론 인터뷰나 공적 코멘트를 삼가야 한다. 이 원칙은 소셜미디어에도 적용된다.

15. 보고서

시민의회 보고서는 회의가 마무리된 후 가능한 빨리 발행되어야 한다. 시민의회의 동의가 있다면 보고서의 세부적인 사항은 총회 외에서 마무리되어도 무방하다.

16. 절차 검토

의장이 적절하다고 판단하는 경우, 참가자 및 기타 이해당사자들과 협의하고 절차 및 운영에 대한 검토를 실시할 수 있다.

17. 사무국 (Assembly Secretariat)

의장은 시민의회의 바람(wishes of the Assembly)에 따라 사무국 직원 및 기타 지원(support) 그리고 자원(resources)에 대한 지시 및 통제권을 갖는다.[106]

---

[106] 정부는 2016년 7월 의회 서면 답변을 통해 시민의회 사무국은 공무원으로 구성할 것이라 밝힌 바 있다.

시민의회는 2017년 3월 말 기준 첫 회의를 포함해 총 다섯 번의 회의를 소집하였다. 엔다 케니 총리의 연설로 문을 연 2016년 10월의 첫 회의에서 참가자들은 아일랜드의 사회적 변화 그리고 시민의 역할에 대한 발표를 듣고, 마지막 두 시간 가량을 업무 프로그램, 규칙, 절차 및 향후 일정을 논의하는 데 할애하였다. 11월에 열린 두 번째 회의부터 본격적인 심의가 진행되었는데, 의회 결의안이 수정헌법 제8조에 대한 보고서가 가장 먼저 완료되어야 한다고 명시하고 있음에 따라 자동적으로 이 안건이 상정되었다. 첫 회의 이후 약 9주간 제출받은 제안서[107]는 우편을 통해 5,000건 이상, 온라인으로 8,000건 이상을 기록하였다. 이는 헌법 컨벤션에 제출된 모든 제안서의 수보다 다섯 배나 많은 것이다.[108]

시민의회는 첫 회의에서 수정헌법 제8조에 관한 보고서를 위해 4주를 할애할 것으로 결정지었다. 사안이 매우 논쟁적이고 민감하다는 점을 고려한 것이다. 실제로는 계획보다 1주의 시간이 더 소요되었다. 처음 세 차례의 회의[109]는 주로 의료, 법률 등 관련 전문가의 프레젠테이션과 같은 어젠다 학습에 투자하였으며, 네 번째 회의[110]에서 수정헌법 제

---

[107] 제출된 제안서는 공식 홈페이지에 업로드되며, "사적인 이야기나 민감한 제안서"의 경우 익명 처리되었다.

[108] http://www.rte.ie/news/2016/1222/840774-assembly/ (검색일 2017년 3월 31일).

[109] 수정헌법 제8조에 관한 첫 번째 회의는 창립총회가 개최되었던 2016년 10월 15일 한 달 후인 11월에 열렸으며, 두 번째 회의는 1월 초, 세 번째와 네 번째 회의는 각각 한 달의 기간을 두고 소집되었다.

[110] 네 번째 회의에서 심의는 크게 두 유형의 사색적 활동(reflective exercise)을 포함하였다. 하나는 경험자의 인터뷰 및 제출된 제안서를 통해 접한 이야기들이 수정헌법 제8조에 대한 구성원들의 의견에 어떤 영향을 미쳤는지에 관해 회고하는 것이었다. 다른 하나는 어떤 종류의 이슈가 표결에 반영되어야 할 것인지에 대한 예비적 제안을 하는 것이었다. 물론 이 안건에 대한 실제 표결이 이루어지는 다섯 번째 회의에서 추가적으로 코멘트나 제안을 할 기회가 주어진다.

8조에 의해 직접적인 영향을 받은 경험자의 인터뷰를 접하고 옹호 단체 및 관련 기관의 프레젠테이션을 진행하였다. 2017년 4월로 예정된 다섯 번째 회의에서 그간의 심의에 기초한 표결을 통해 오랜 기간 아일랜드를 휩쓸어온 낙태 논쟁의 향방을 결정하게 된다. 헌법 컨벤션이 총회 후 2~3달 뒤 보고서를 제출해온 것을 고려할 때, 시민의회는 6월 늦으면 7월경 첫 번째 보고서를 완성할 것으로 예상된다. 엔다 케니 총리는 이 주제가 의회에서 논의되기까지 6개월 이상 소요될 것이라고 예상한 바 있다.[111]

(4) 의의

2012년 정부안으로부터 촉발되어 2014년 3월 31일 최종 보고서를 제출하며 막을 내린 헌법 컨벤션은 여러 가지 비판에도 불구하고 전 국민의 승인을 통한 헌법 개정을 이루어내는 등의 성과를 보여주었다. 헌법 컨벤션의 후임자 격인 시민의회는 현재 진행 단계에 있지만, 몇 가지 측면에서 헌법 컨벤션의 활동에 제기되었던 냉소적 시각을 털어낼 수 있을 것으로 기대된다. 첫째, 헌법 컨벤션과 달리 시민의회는 일반 시민에게만 참여 자격을 부여했다. 물론 헌법 컨벤션에 참여한 정치인들이 초기의 우려에도 불구하고 시민 참여자들을 독려하는 역할을 하였을 뿐 아니라 헌법 컨벤션의 활동과 실세 정치 영역의 괴리를 최소화하는 다리로써 역할을 하였다는 평가가 존재한다(Farrell 2014b; 레이브라우크 2016). 그러나 헌법 컨벤션이라는 실험 결과를 바탕으로 출범한 시민의회가 순수하게 시민으로만 구성되었다는 사실은 일반 시민에 대한 전

---

[111] http://www.rte.ie/news/2016/0921/818096-kenny-media-briefing/ (검색일 2017년 3월 31일).

에 없던 정치적 신뢰를 전제하고 있다. 직업 정치인이 아닌 일반 시민들도 적절한 정보를 갖춤으로써 충분히 유의미한 정책 결정을 내릴 수 있다는 기대, 만약 아일랜드 정부 및 의회가 이와 같은 신뢰를 상실했다면 아일랜드의 미래를 지휘할 수 있도록 전권을 시민에게 부여하는 구상은 불가능했을 것이다. 이는 정치권뿐 아니라 선출될 자격이 있는 모든 일반 시민들 사이에 어느 정도 민주적 각성이 있었을 것이라 기대되는 지점이다.

둘째, 헌법 컨벤션의 아쉬운 점으로 지목되는 것 중 하나는 너무 많은 주제를 짧은 시일에 심의해야 했다는 것이다(Farrell 2014b). 헌법 컨벤션은 총 아홉 번의 총회에서 열 가지 안건에 대해 다루었다. 대개 한 번의 총회에서 하나의 안건을 심의하였으나, 때때로는 유사한 안건을 묶어 논의한 후 표결에 부치기도 하였다. 대단히 복잡하고 기술적인 주제를 다룰 때도 다르지 않았다. 브리티시컬럼비아와 온타리오 시민의회가 온전히 선거제도 개혁이라는 하나의 안건에 쏟은 것과 달리 헌법 컨벤션은 두 번의 총회를 통해 하원 선거제도 개혁에 대한 권고안을 내놓아야 했다. 이와 대조적으로 시민의회는 1년 동안 총 다섯 가지의 안건에 대해 숙고함으로써 논쟁적이고 복잡한 사안에 대한 학습에는 보다 긴 시간을 투자하는 등 심의의 속도를 스스로 조정할 수 있게 되었다. 비교적 넉넉한 기간이 주어짐에 따라 헌법 컨벤션에 비해 심도 있는 접근에 기초한 의사 결정에 도달할 수 있을 것으로 보인다.

시민의회에 대한 세 번째 기대의 근거는 시민의회가 다루는 안건의 현저성(saliency)에 있다. 헌법 컨벤션은 시민참여 기제라는 새로운 아이디어를 통해 당시의 정치개혁에 대한 요구를 지연시키고 심지어는 누그러뜨리는 완충제로 이용되었다는 비판을 받았다. 이 비판은 헌법 컨벤션에 주어진 이슈들이 상원 폐지와 같이 정부의 개혁 어젠다에 포함되었던 근본적인 문제들을 포함하고 있지 않다는 사실에 의해 뒷받침된다. 보다 직설적으로, 통일아일랜드당-노동당 연정이 합의에 이르지 못한 썩 중요치 않은 주제들에 대한 논의를 떠넘겼다는 것이다(Farrell 2014b; Carolan 2015). 캐롤란(Carolan 2015)은 예컨대 동성 결혼과 같은 이슈가 안건으로 포함된 것은 정당 간 견해 차이를 해결하고자 하는 단기적인 정치적 이해관계에 의한 것이라 지적한다. 반면 시민의회를 촉발시킨 지점에는 수정헌법 제8조, 더 나아가 아일랜드를 지탱해온 습속에 대한 논쟁이 자리하고 있다. 즉 현저한 사회적 문제를 해결하기 위한 방안으로써 구상된 시민의회는 단순한 정치적 타협의 산물이라는 비판을 피해갈 것으로 보인다. 더 나아가 국가적 분열을 초래해온 이슈에 대해 아일랜드 사회의 전 부문을 대변하는 '미니공중(mini-public)'이 숙고하는 것에는 상징적이고 근본적인 중대성이 존재한다.

3. 아이슬란드의 헌법 개정 실험[112]

2008년 금융위기로 아이슬란드에서 헌법 개정의 요구가 싹트고, '크라우드 소싱'(crowd sourcing)이라는 독특한 방식을 도입해 완성된 개헌안이 국민투표에 부쳐지기까지 적어도 3년 이상의 시간이 소요되었다. 이 지난한 과정은 몇 가지 단계를 포함하는데, 가장 특징적인 것은 전 과정에서 시민들의 목소리를 듣기 위해 노력했다는 것이다. 국가적 가치가 무엇인지에 대해 논의했던 국민회의, 전국 포럼부터 전통적으로 비밀스럽게 이루어진 헌법 입안 과정까지 시민들에게 개방되었다. 비록 미완

---

112 헌법심의회 공식 홈페이지를 참고하였다.

으로 남아 있지만 아이슬란드의 실험은 대중적 참여를 가능케 하는 열린 접근법을 취해 성공적인 헌법 개정안을 만들어낸 사례로서 전 세계의 이목을 집중시켰다.

1) 도입 배경

세계를 휩쓸었던 2008년 글로벌 경제위기는 금융허브로 발돋움하던 아이슬란드에 엄청난 타격을 가져온다. 대다수의 국민이 어업으로 먹고 살았던 북유럽의 작고 조용한 나라가 왜 미국발 경제 한파에 발이 묶이게 되었을까? 이야기는 다음과 같다. 2000년대에 들어서며 아이슬란드 정부는 금융규제 완화의 바람을 타고 규제 철폐, 공기업의 사유화, 저금리, 감세와 같은 정책을 시행에 옮긴다. 이 과정에서 불균형하게 성장한 대출은행들은 느슨한 규제를 틈타 유럽 전역에 영리 자회사를 설립하고, 외국 자본을 끌여 들여 부를 축적한다. 2007년 말, 쾨이프트힝그(Kaupthing), 란스바웅키(Landsbanki), 글리트니르(glitnir)와 같은 주요 대형 은행은 아이슬란드 국내총생산(GDP)의 9배에 이를 정도로 몸집을 불리는 데 성공한다. 2008년 9월 15일, 리만브라더스(Lehman Brothers Holdings Inc)가 부도를 선언하자 이 은행들이 자금 확보를 위해 의존했던 금융시장이 순식간에 말라붙는다. 세계적인 금융 중심지로 각광을 받으며 1인당 GDP 세계 5위의 강소국으로 위세를 떨치던 아이슬란드가 순식간에 부도 위기에 처하게 된 것이다. 금융거품이 급격하게 붕괴하여 국책은행 3개가 모조리 채무불이행(default)을 선언하였으며 크로나(Krona)의 가치는 급락하였다. 실업률도, 물가도 가파르게 상승하였으며, 결국 국제통화기금(IMF)의 구제금융 지원을 받는 상황에 이른다.

2008년 말부터 금융위기를 초래한 정부를 규탄하는 시위가 시작되었다. 수도 레이캬비크에서는 연일 엄청난 규모의 시위가 열렸다. 성난 시민 수만 명이 의회를 에워쌌다. 당시 시위대가 냄비와 솥을 두드리며 시위를 벌여 현지 언론들은 "주방용품 혁명(Pots and Pans Revolution)" 이라는 이름을 붙여주었다. 이 시위는 겨울 내내 지속되었다. 경제적 위기가 몰고 온 파동은 경제 외 영역으로까지 번져 정치적 격동, 사회적 불안 등으로 이어졌다. 국민적 분노가 들끓자 게이르 하아르데 (Geir Haarde) 당시 총리는 시위대의 요구를 받아들여 조기 총선 실시를 약속하고 사퇴하였다. 2009년 4월에 실시된 총선 결과, 집권당이던 독립당은 1/3의 의석을 잃었으며 요한나 시귀르다르도티르(Jóhanna Sigurðardóttir) 총리가 이끄는 사회민주당-좌파녹색운동 연립정부가 들어선다.

주방용품 혁명이 한창이던 기간, 정부는 비상 입법 조치와 자발적 사임 등의 방식을 통해 시위대의 요구를 들어주었다. 금융위기로 촉발된 새로운 정치적 환경은 전례가 없었기 때문에 시위대의 요구를 이행하는 데 어려움을 겪었던 것이다. 시민들은 정치인과 방만한 은행가[113]의 책임을 물었으며, 재발을 막을 수 있는 개혁을 요구하였다. 이 과정에서 기존 헌법은 시민들이 원하는 수준으로 정치에 관여할 수 있도록 허용하는 진취성을 상실했다는 담론이 생성된다(Fillmore-Patrick 2013). 근원적인 변화가 필요하다는 시민석 움직임이 농트기 시작했다.

정부가 경제적 몰락을 저지하는 데 실패하면서, 두 가지 헌법적 미달 사항이 정치사회적 담론으로 떠오른다. 하나는 1944년의 헌법이 행정부의 역할을 규정하고 있지 않다는 것이다. 헌법은 총리와 대통령의

---

[113] 아이슬란드는 2008년 금융위기 당시 은행 최고책임자들을 감옥에 보낸 유일한 나라이다. https://www.bloomberg.com/news/features/2016-03-31/welcome-to-iceland-where-bad-bankers-go-to-prison (검색일 2017년 4월 4일).

행정 권력을 분할하고 있지만, 강력한 권력을 행사하는 총리의 구체적인 책임에 대해서는 언급하고 있지 않다. 이는 하아르데 전 총리에게 금융 위기의 책임을 물을 수 있는 헌법적 기반이 없다는 사실로부터 불거졌다. 다른 하나는 헌법이 아이슬란드 사회의 도덕적 가치를 정부 구조와 문화에 확립하고 있지 않다는 점이다. 정부 규제 기관이나 정치인들이 탐욕적인 은행의 위법행위를 눈감아주었던 2000년대의 정치적 이데올로기는 아이슬란드의 사회적 가치와 부합하지 않는다는 목소리가 높아졌다(Fillmore-Patrick 2013).

❖ 아이슬란드의 헌법

아이슬란드는 1944년 국민투표를 통해 덴마크로부터 독립한 국가였기 때문에, 1944년의 헌법은 덴마크의 헌법과 거의 다르지 않았다. 아이슬란드의 헌법이 대선, 탄핵, 비토권 등과 같은 새로운 요소를 더한 것은 사실이지만 실질적으로는 덴마크 헌법에서 '왕'을 '대통령'으로 바꾼 것에 불과했다(Fillmore-Patrick 2013).

제2차세계대전이 끝난 후 이루어진 헌법 검토는 정치적 합의에 이르지 못해 무산되었다. 이후에도 헌법을 개정하기 위한 노력이 이루어졌으나 정치적 합의의 과정에서 종종 어려움을 겪었고, 결국 전면적인 개정은 요원한 것으로 보였다.

2) 진행 과정

(1) 국민회의(National Assembly)

'세계 최초의 크라우드소싱을 통한 헌법 개정'이라는 스토리는 2009년 11월, 진보 성향의 풀뿌리 싱크 탱크인 '개미집(The Anthill)'으로부터 출발한다. 이들은 '국민회의: 미래와의 약속'이라는 슬로건하에 아이슬란드 사회의 가치 그리고 국가의 미래를 위한 비전에 대해 심의하는 대규모 공공 행사를 개최하였다. 수도인 레이캬비크에서 개최된 국민회의는 정부 지원을 받지 않은 자발적인 시민들의 움직임으로, 비공식적인 전국 회의의 형태로 진행되었다. 주최 측인 개미집은 온라인 소셜 미디어 플랫폼을 통해 이 행사에 대해 홍보하였으며[114] 우편을 통해 초대장을 발송하였다(Fillmore-Patrick 2013). 이 포럼에는 총 1,500명이 참석하였는데, 이 중 1,200명의 참가자는 무작위로 선출되었으며 나머지 300명은 이익집단 대표나 공무원 등으로 구성하였다. 효율적인 논의를 위해 소규모 실무단을 구성하여 참가자들을 배정하였으며, 전문적인 조력자의 도움을 받았다.

국민회의의 참가자들은 가장 주요한 아이슬란드의 사회적 가치로 진실성을 꼽았다. 다음으로 평등권, 존중, 정의, 사랑, 책임, 자유, 지속가능성, 민주주의가 거론되었다. 아이슬란드의 미래 구상을 위해 고려되어야 할 주제로는 교육, 경제, 평등한 권리, 가정, 환경, 공공 행정, 복지, 지속가능성 그리고 기회가 지목되었다. 이 중 일부는 경제교육 강화, 경제윤리 강화, 통화안정 등과 같이 경제위기의 교훈을 직접적으로 반영하고 있었다(Fillmore-Patrick 2013). 국민회의 활동 결과는 대중들에게 공표되었을 뿐만 아니라 언론을 포함한 공론장에서 논의되었다(Suteu 2015; Landemore 2015).

국민회의의 활동을 결과론적으로 접근하면 그 의미는 다소 제한적이다. 사회적 가치나 국가 미래의 비전과 관련한 논의는 아이슬란드에만 특수하게 적용되는 특징을 보이기보다는 추상적이고 보편적인 용어들로 채워졌기 때문이다. 그러나 실질적으로 국민회의가 주는 함의는 이들

---

[114] 세계경제포럼 보고서에 의하면 2009년 당시 아이슬란드 인구 32만 명 중 94%가 인터넷을 사용했다.

이 내놓은 결과물이 아닌 논의의 과정에서 보여주었던 심의 그리고 실험 자체의 시민 참여적 속성에 있다(Blokker 2012). 국민회의는 엘리트와 기득권 중심의 정치적 사고로부터 벗어나 아래로부터 참여를 표방하여 경제위기로 불거진 개헌의 요구에 어떻게 대응해야 하는지 혁신적인 방향을 제시하였던 것이다.

(2) 전국 포럼(National Forum)

보수 정권이 축출되고 뒤이어 부임한 요한나 시귀르다르도티르 총리는 아이슬란드에 대한 전면적인 재검토가 필요하다는 사회적 담론을 받아들이고, 시민의 참여를 최대한 보장하는 개방적인 개혁을 추구한다. 2009년 11월에 요한나 시귀르다르도티르 신임 총리는 개헌의회법(Act on a Constitutional Assembly)을 의회에 제출하였고 우여곡절 끝인 2010년 6월에 의회를 통과했다. 이 법안은 25명에서 31명으로 구성되는 자문적인 개헌의회와 각기 다른 분야의 전문가 7명으로 이루어진 제헌위원회(constitutional committee)[115]를 설립한다는 내용을 골자로 한다. 2010년 11월 6일, 의회와 개미집에 의해 임명된 제헌위원회는 전국 포럼을 개최하였다. 이 포럼은 국민회의로부터 영감을 받았다. 전국 포럼은 새로운 헌법을 위한 주요 주제 그리고 핵심적인 가치관을 논의하는 장(Blokker, 2012)으로서 '정부 조직과 헌법에 관한 대중들의 주요 관점 및 강조점'을 확립하는 과제를 부여받았다. 전국 포럼의 보고서는 아이슬란드인들의 선호를 반영한 헌법 초고를 작성하는 데 기여하였다 (Landemore, 2015).

---

[115] 제헌위원회는 전국 포럼을 준비·조직하고 결과물을 가공하였으며, 개헌의회의 활동에 도움을 줄 수 있는 자료 및 정보를 수집하는 역할을 맡았다.

<그림 1> 아이슬란드 개헌 절차 (Landemore, 2015)

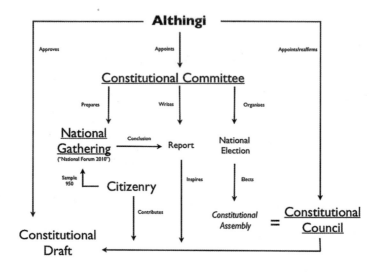

전국 포럼은 무작위에 준하는 방식(quasi-randomly)으로 선출된 950명의 시민들로 구성되었는데, 이는 아이슬란드의 개헌 과정에 관여한 기관 중 기술적(descriptive) 대표성을 가장 충족시킨 것이었다. 개헌의회법에서는 '포럼에 참가하는 대략 1,000여 명의 구성원은 가능한 한 지리적 출신이나 성별에 있어 합리적인 배분이 이루어져야한다'고 명시하고 있다. 그럼에도 불구하고 완전한 무작위 추출은 아니었는데, 특히 연령이나 지리적 대표성 측면에서 불완전함이 두드러졌다. 참가자 충원은 개미집과 갤럽의 협업으로 진행되었는데, 이들은 각 부문의 대표성을 확보하기 위해 층화추출을 시행하였다. 그러나 20%라는 낮은 응답률[116]로 인해 950명의 참가자를 확보하기 위해서는 무려 3,000명에게 접근해야 했다. 물론 전국 포럼의 참가자 충원이 국민투표 참가자나 이후

116 이 활동에 대한 관심이 특별히 높지는 않았음을 보여준다.

에 진행된 크라우드소싱 과정 혹은 활동가 모임에 비해 통계적 대표성을 확보한 것은 분명하지만 상당히 낮은 응답율로 인한 한계 역시 존재한 것도 사실이다(Suteu 2015; Landemore 2015).

국민회의와 마찬가지로 심의는 주제별로 소집단을 나누어 진행하였으며 전문적인 조력자의 도움이 제공되었다. 전국 포럼은 정부와 헌법을 둘러싼 사회·정치적 담화를 축약된 형태의 권고안으로 요약하였는데, 대체로 아이슬란드인들이 공유하고 있는 공통적인 견해가 집약된 것이라 볼 수 있다. 다른 무엇보다도 도덕적 가치에 기반한 정부, 권력자들의 책임과 역할에 대한 명시, 공무원들의 도덕적 위반에 대한 책임, 삼권분립에 기초한 투명하고 활기찬 민주주의, 시민들의 권능 강화를 보장하는 헌법을 요구하였다는 점이 특징적이다(Fillmore-Patrick 2013). 이들의 숙고는 제헌위원회의 700페이지 분량의 보고서[117]에 반영되어 개헌의회 활동의 출발점이 되었다.

(3) 개헌의회(Constitutitonal assembly)

개헌의회법에 따르면 개헌의회는 1944년 헌법에 대한 포괄적인 재검토와 개헌을 위한 법안을 작성하여 의회에 제출하는 과제를 수행하게 된다. 개헌의회에 참여하는 25명의 대표(delegate)들은 2010년 11월 직접선거로 선출되었다. 출마 자격은 모든 시민에게 주어졌으며 522명이 입후보하였다. 각 후보자는 30명에서 50명의 지지자 목록, 신고서, 두 명의 보증인 등을 제출해야 했다. 선출된 대표들은 성별, 나이, 경험, 직업 등에서 다양한 배경을 가지고 있었지만 정치적으로는 진보적인 성향

---

[117] 이 보고서는 포럼의 결과물 외에도 개별 조항에 대한 예시부터 철저한 조항별 분석까지, 새로운 헌법의 구성에 대한 소상한 아이디어를 담고 있다(Gylfason 2013).

을 표방하였다(Fillmore-Patrick 2013). 여기에는 상당한 논쟁이 뒤따랐다. 정부는 온라인과 언론을 통해 개헌의회 대표 선출을 위한 선거 캠페인을 대대적으로 벌였지만, 투표율은 36%에 그쳤다.[118] 선거 이후 낮은 투표율로 인한 민주적 정당성 부재와 절차상의 이슈를 들어 독립당 성향의 개인들이 개헌의회에 대한 문제를 제기한다. 뒤이어 2011년 1월에 대법원은 선거 절차상의 문제를 들어 무효 판결을 내린다. 그러나 이에 대해 검토를 진행한 자문 그룹이 의회 결의안을 통해 헌법심의회(Constitutional Council) 구성을 제안했고 정부와 의회는 기술적인 문제가 선거 결과 자체를 무효화하지는 않는다며 대법원 판결을 자체적으로 기각하였다.[119]

---

[118] 데시(Dessi 2013)는 낮은 투표율의 원인을 세 가지로 꼽는다. 첫째, 선출 방식이었던 단기이양제는 너무 복잡하다는 것이다. 단기이양제하에서 유권자들은 선호 순서를 열거하도록 요청받는데, 500명 이상의 후보 중 최대 25명을 줄 세우는 것은 쉽지 않은 일이기 때문이다. 그러나 혹자는 선거제도의 문제이기보다는 일반 선거가 아닌 특수 선거의 투표율은 언제나 비교적 저조한 경향이 있다고 지적한다(Gylfason 2013). 둘째, 당시 의회에 대한 신뢰도가 10%에 불과했음을 고려할 때, 의회에 제출될 개헌안의 미래가 불확실하다는 생각이 퍼져 있었고 이는 절차 자체의 신뢰를 상실케 하는 요인이 되었다. 세 번째로는 거대정당인 독립당의 기권 캠페인이 지목된다. 물론 독립당의 보이콧으로 인해 진보적인 유권자들이 진보적인 성향의 대표들을 선출하는 결과를 낳았지만 투표율 자체에 악영향을 미친 것은 분명하다.

[119] 이 판결의 정당성에 의구심을 가지는 주장도 존재한다. 예컨대 길바손(Gylfason 2013)은 아이슬란드 법이 특수한 대리인(specific representative)을 선출하는 선거의 경우, 이를테면 투표 부스와 같은 기술적인 문제에 근거한 무효화를 허용하지 않는다고 지적한다. 다시 말해 대법원이 개헌의회 대표 선거를 무효화한 것에는 법적 권위가 부재하다는 것이다.

(4) 헌법심의회(Constitutional Council)

정부와 의회는 선출된 개헌의회 대표들을 재임명하여[120] 2011년 4월 6일 헌법심의회[121]를 구성하였다. 헌법심의회는 석 달 안에 업무 완료를 목표로 하였는데, 실제로는 한 달의 연장 기간을 사용하여 7월 29일에 의회에 헌법 초안을 제출하며 활동을 마무리하게 된다.[122] 심의회 구성원들은 1944년의 헌법을 개정하는 수준에 그치기보다는 완전히 새로운 초안을 작성하고자 하였다(Fillmore-Patrick 2013). 이들은 자체적인 절차 규칙에 동의하고, 세부적으로 세 개의 실무단(working group)[123]으로 나뉘어 논의를 분담하였다. 특히 회의를 거치며 금융 붕괴를 둘러싼 사회·정치적 담화와 관련된 이슈에 활동의 초점을 맞추었다. 정부의 도덕성 상실, 행정부의 역할 및 책임성, 민주적 참여 수단의 부족이 바로 그것이다(Fillmore-Patrick 2013). 실무단은 매주 월·화요일마다 비공개 회의를 개최하여 각자 맡은 주제에 대해 논의하였다. 수요일에는 논의의 결과물을 다른 실무단과 공유하였으며, 목요일 공개회의에는 완성된 권

---

[120] 개헌의회 대표로 선출된 25명 중 한 명이 심의회 대표가 되기를 거부하였다. 이 자리는 선거에서 26위를 기록한 이에게 승계되었다.

[121] 헌법심의회는 개헌의회법이 명시하고 있는 개헌의회의 역할을 그대로 위임받았다.

[122] 심의회 구성원들은 작성한 초안에 만장일치로 승인하였다.

[123] 개헌의회법과 의회에 의해 위임된 주제들은 기본적인 가치를 정의하는 것부터 시민들의 민주적 참여를 보장하는 것까지 다양하다. 그룹 A, B, C가 논한 주제는 다음과 같이 나뉜다.
그룹 A: 기본적 가치, 시민권과 언어, 헌법의 구조와 장별 분할, 천연자원, 환경 이슈, 그리고 인권
그룹 B: 아이슬란드 헌법의 기초, 대통령의 역할과 지위, 행정 권력의 의무와 지방 정부의 지위
그룹 C: 헌법심의회, (개헌을 포함한) 대중들의 민주적 참여, 사법부의 독립과 다른 권력기관에 대한 사법부의 감독, 의회 선거, 선거구제도(constituency system)와 의원, 국제조약 및 외교

고안이 제출되었다(Valtýsson 2014).

개헌의회법이 규정하는 바에 따라 공식 홈페이지에는 헌법심의회의 활동 과정이 매주 업데이트되었다. 동시에 페이스북, 트위터, 플리커, 유튜브와 같은 다양한 소셜미디어 플랫폼을 통해 대중들로부터 제안과 코멘트를 구하였다. 시민들은 공식 홈페이지에 직접 코멘트를 게시할 수 있었고, 페이스북이나 트위터를 통해 논쟁을 벌이기도 하였다. 업무가 마무리될 즈음에는 대중들로부터 받은 제안이 360개, 코멘트[124]는 3,600개[125] 이상에 달하였다. 2~3주에 걸쳐 대중과 전문가로부터 조언을 받은 후 심의회는 수정된 버전을 공개했다. 이후 전반적인 변화에 대한 심의를 거쳐, 조항별 찬반 투표를 진행한 후 최종안을 완성했다(Gylfason 2013; Landemore 2015).[126] 또한 심의회 대표들의 인터뷰 동영상이 유튜브에 업로드되었으며, 홈페이지에는 공개회의가 실시간으로 스트리밍되었다. 심의회 활동 전반은 주류 언론을 통해 지속적으로 홍보되었다. 이러한 인프라는 개방적이고 투명한 과정을 위한 심의회의 노력을 보여준다(Valtýsson 2014).

헌법 입안 과정에 열성적인 대중적 참여를 접목한 것은 세계적으로 전례가 없는 실험이었다. 이 혁신적인 절차를 두고 외신들은 헌법의 "크라우드소싱"이라 칭하였다. 크라우드소싱이란 참여 대상이 정의되지 않은 '군중(crowd)'이 온라인에 공개된 업무에 참여할 수 있도록 개방하는 것으로 집단지성을 발휘하기 위한 기제이다(Aitamurto 2012). 학자들은

---

[124] 모든 코멘트는 공식 홈페이지에 실명과 함께 공개되었다. 익명의 코멘트는 받아들여지지 않았다.

[125] 코멘트는 대체로 페이스북에 집중되었다. 총 3000여 건 이상의 코멘트가 헌법심의회 공식 페이스북에 게재되었다.

[126] 따라서 위키피디아식 공동 생산(Landemore 2015)은 아닌 셈이다.

크라우드소싱의 필수적인 요소로서 군중(crowds), 업무(tasks), 그리고 매개 기술(mediating technologies)을 꼽는다(Luz 2015). 그러나 우편물을 통한 피드백 양이 상당했다는 사실로 미루어 볼 때 시민 참여의 통로에 전통적인 방식을 배제해서는 곤란할 것이다(Freeman 2013). 한편 헌법심의회는 대중과 협력을 중시하기는 하였지만, 전통적인 방식으로 법률 전문가들의 도움을 받았다는 사실이 강조될 필요가 있다. 제헌위원회는 700페이지에 달하는 보고서를 통해 헌법에 대한 전문가들의 견해를 제시하였으며 이는 심의회 활동의 초석이 되었다. 또한 거의 모든 단계에서 전문가들이 관여하여 조언을 제공하였다.[127]

완성된 개헌안은 서문과 총 9장 114개의 조항으로 구성되었다. 1944년 헌법이 서문 없이 7장 79조항이었다는 점과 비교할 때 그 자체로 폭넓은 주제를 다루고 있음을 알 수 있다(Valtýsson 2014). 단적인 예로 심의회의 초안은 직접민주주의의 꽃이라 할 수 있는 국민투표를 통해 시민들의 권한을 강화하고 있다. 제65조는 10%의 유권자들이 의회가 통과시킨 법안에 대한 국민투표를 요구할 수 있다는 내용을 담고 있으며, 제66조는 2%의 유권자가 의회에 이슈를 제안하기 위한 국민투표를 요구할 수 있음을 명시하고 있다. 이는 가장 급진적인 내용이라는 평을 받기도 하였다(Suteu 2015). 의회는 심의회로부터 넘겨받은 초안에 대해 베니스위원회(Venice Commission)[128]를 포함한 법률 전문가로부터의

---

127 그러나 전문가들의 역할이 심의회 활동의 투명성을 훼손시켰다는 주장도 존재한다. 란데모레(Landemore 2015)는 제헌위원회의 역할은 매우 모호했으며, 더 심각하게는 초안의 내용을 교정했던 변호사들에 의해 원치 않았던 의미의 변화가 생기기도 하였다고 지적한다.

128 정식명칭은 '법을 통한 민주주의 유럽위원회(European Commission for Democracy through Law)'로서 1990년 설립된 이래 유럽 헌법 전통의 기준에 맞는 헌법 채택에 주도적 역할을 하였으며, 헌법적 지원, 헌법적 정의, 선거문제의

논평을 구하였다.[129] 한 논평가는 아이슬란드 헌법 초안의 현저한 특징
으로 "국민투표를 통해 시민들이 정부 사업이나 법안에 직접적으로 참
여할 수 있게끔 열린 접근법을 취한 것"을 꼽는다.[130] 한편 베니스위원회
는 헌법 초안의 취지와 정서의 의의는 인정하지만 추진 가능한 법률적
세부 내용이 부족하다고 평가하였다.[131]

(5) 국민투표(Referendum)

2012년 10월 20일, 헌법 제안에 대한 구속력 없는 국민투표가 실시
되었다.[132] 상당한 국민적 관심을 모으며 열린 투표에서 67%의 투표자가
헌법심의회가 제출한 초안을 새로운 헌법의 기초로 삼는 것에 찬성하였
다.[133] 그러나 이 투표 결과에는 구속력이 없었기 때문에, 궁극적으로 이
초안을 새로운 헌법의 가이드라인으로 활용할 것인지의 여부에 대한 결

3분야에 대한 법률적 자문을 제공한다. 유럽평의회(Council of Europe)의 산하
기구로 출범하였으나 오늘날 독립적 국제법률자문기구이자 분쟁해결의 조정을
담당하는 기구로 성장하였으며 중유럽 및 동유럽 국가들의 민주주의적 헌법질서
마련에 기여하는 한편 비유럽국가의 활발한 가입으로 그 활동 영역을 확장하고
있다(출처 : 네이버 지식백과 외교통상용어사전).

[129] https://www.opendemocracy.net/can-europe-make-it/thorvaldur-gylfason/
democracy-on-ice-post-mortem-of-icelandic-constitution (검색일 2017년 4
월 4일).

[130] http://www.venice.coe.int/webforms/documents/?pdf=CDL-AD%282013
%29010-e (검색일 2017년 4월 4일).

[131] http://www.venice.coe.int/webforms/documents/?pdf=CDL-AD%2
82013%29010-e (검색일 2017년 4월 4일).

[132] 원래 더 높은 투표율 확보를 위해 대선일과 국민투표일을 맞추려 하였으나 야당
인 독립당과 진보당이 필리버스터로 이 계획을 무산시키는 데 성공한다.

[133] 당시 투표율은 49%였으며 국민투표에 회부된 질문은 심의회에서 제출한 초
안에 대한 찬성 여부를 포함하여 총 6가지로, 더 자세한 내용은 https://eng.
innanrikisraduneyti.is/news/nr/28296에서 확인할 수 있다.

정권은 의회가 가지고 있었다(Aitamurto 2012).

실제로 심의회의 초안은 세 번의 표결을 거쳐야만 승인될 수 있다. 첫째, 개헌의회법은 헌법심의회가 가져오는 헌법적 변화는 반드시 구속력 없는 국민투표를 통과해야만 의회 논의에 부칠 수 있다고 명시하고 있다. 둘째, 1944년 헌법 제79조[134]는 헌법 개정을 위해서 두 번의 의회 내 표결을 거쳐야 한다고 규정하고 있다. 먼저 의회의 다수가 개정안을 채택하게 되면 그 즉시 의회를 해산하고 총선을 치른다. 총선 이후 새로이 구성된 의회는 다시 한 번 같은 개정안을 통과시켜야 한다. 이렇게 의회 내 두 번의 표결이 이루어지고 나면, 대통령이 확인한 후 법률화하게 된다. 따라서 아이슬란드인들이 국민투표를 통해 개헌안을 승인했음에도 헌법이 규정하는 바에 따라 최종적인 운명은 의회가 쥐게 되는 것이다.

의회는 대중적 지지에도 불구하고 헌법 초안의 유효성 표명을 보류한다. 보수 야당인 독립당이 필리버스터를 통해 의회 표결을 무산시키는 등 전면적인 방해 공작을 펼쳤기 때문이다. 더욱이 정부나 좌파녹색운동 등 이 과정을 지지해온 세력까지 필리버스터 무산을 위한 법률적 수단을 동원하지 않아 의회 내 전반적인 지지기반이 미약했다는 지적이 제기되기도 한다.[135, 136] 2013년 3월, 의회 내 친개헌파는 불신임 투표를 거행하지만 3표 차이로 부결되었다.[137] 더욱이 2013년 4월 총선[138]으로

---

134 아이슬란드 헌법 참고.

135 https://www.opendemocracy.net/can-europe-make-it/thorvaldur-gylfason/democracy-on-ice-post-mortem-of-icelandic-constitution (검색일 2017년 4월 4일).

136 개헌안을 통과시키기 위해서는 의회해산 후 총선을 다시 치러야만 했는데, 의원들이 스스로 정치적 생명을 담보해야만 한다는 점에서 기대하기 어려운 측면이 있다.

137 http://icelandreview.com/news/2013/03/11/iceland-government-holds-power-32-29 (검색일 2017년 4월 4일).

138 실제로 캠페인 과정에서 보수당과 진보당은 헌법 개정에 대해 거의 언급하지 않았다.

독립당과 진보당 연립정부가 들어섬에 따라 개헌안은 추진 동력을 완전히 잃게 되었다. 헌법 개정안 작성 전 과정에서 극렬한 반대 입장을 표명해온 독립당과 대체로 부정적인 입장을 고수했던 진보당이 의회 다수를 차지하고 있는 한 새로운 헌법에 대한 소망은 성취되기 어려울 것으로 보였다.

반전의 기회는 있었다. 2014년 진보당-독립당 연정이 2008년 경제위기 당시 책임을 지고 물러난 하아르데 전 총리를 미국 대사로 임명하자, 기성정당의 구태에 실망한 시민들은 정치 혁신을 표방하는 해적당에 지지를 보내기 시작하였다.[139] 2013년 원내 진입에 성공한 해적당은 개헌안 통과 등 직접민주주의 강화, 주당 35시간 근무, 저작권법 폐지와 같은 파격적인 정책을 내걸었다. 2016년 총선을 앞두고 해적당의 지지율이 치솟자 개헌안의 부활이 다시금 화두로 떠올랐다.[140] 그러나 해적당의 약진이 기대에 못미침에 따라 시민참여 크라우드소싱을 통해 탄생한 개헌안의 표류는 한동안 지속될 것으로 보인다.

3) 한계 및 의의

헌법 개정은 한 세대에 한 번 있을 법한 거대한 기회이자 변화로써 종종 국가의 현세와 미래를 동시에 빚어내는 특수한 과정으로 이해된다 (Luz 2015). 엘스터(Elster 2012)의 표현을 빌리자면, '지혜를 대단히 필요

---

[139] http://www.huffingtonpost.kr/wagl/story_b_10808594.html (검색일 2017년 4월 4일).

[140] https://www.nytimes.com/2016/10/31/world/europe/icelands-prime-minister-resigns-after-pirate-party-makes-strong-gains.html?_r=0 (검색일 2017년 4월 4일).

로 하는 과업'이기도 하다. 아이슬란드의 사례에서 가장 놀라운 점은 전통적으로 비밀스럽고 폐쇄적으로 이루어진 입헌 과정 자체를 개방하고 시민들의 집단지성을 구하였다는 것이다. 이 프로젝트는 25명으로 이루어진 소집단 활동에 정당성을 부여하기 위해(Van Reybrouck 2016) 1,000여 명의 시민들을 모아 사전에 새로운 헌법이 추구하는 원칙과 가치에 대해 토론을 벌였으며, 전문가 집단인 제헌위원회가 700페이지에 달하는 문서를 통해 사전 권유 사항을 제안하도록 하는 등의 노력을 하였다.

집단지성의 발현은 완전히 새로운 관점의 중요성을 환기하기도 하였다. 예를 들어 제14조, 의견을 갖고 표현할 권리(Right to having and expressing opinions)는 특수한 상황을 제외하고는 인터넷과 정보기술에 대한 접근이 제한받아서는 안 된다는 내용을 담고 있다. 이는 시민들의 코멘트가 개헌안의 내용을 직접적으로 빚어낸 예시로서 입안 과정의 개방성이 정당성을 보장하는 수준에 그치지 않았음을 시사한다(Landemore 2015). 이와 같이 개방적인 절차는 정보의 영역을 '군중'으로까지 확장시켰을 뿐 아니라 헌법의 의미에 대한 전 국민적인 논의를 가능케 하는 계기가 되었다. 의심의 여지없이 이 경험은 민주적 절차나 정책 입안에 대한 아이슬란드인들의 의식을 증진시키는 발판이 되었다. 궁극적으로 이러한 시민들의 권한 증진(empowerment)은 정치적 정당성을 강화하는 데 기여한다. 다시 말해 시민들은 자신들이 정책 과정의 한가운데 있다고 느낌에 따라 개개인의 삶을 형성하는 정치적 절차에 대한 주인 의식을 가지게 된다는 것이다(Aitamurto 2012).

물론 아이슬란드의 개헌 과정 곳곳에는 아쉬운 대목이 존재한다. 일례로 새로운 헌법 구상에 주어진 시간은 고작 서너 달에 불과하였다. 이는 분명 한 나라의 헌법을 구상하기에는 턱없이 부족한 시간이다. 더욱이 촉박한 스케줄은 입안 과정의 방법론적 참신함과 더해져 이 절차

에 대한 대중적 홍보를 진행하는 데 어려움으로 작용하였다. 사실 최초
에는 개헌의회의 활동을 두 번으로 나누어 작업을 다시금 되돌아볼 시
간을 가질 수 있게끔 하자는 안이 제안되었으나 비용상의 문제로 무산
되었다. 이러한 초안이 수용되었다면 절차의 개방성을 보다 보장할 수
있었을 것이다(Landemore 2015). 한편 인터넷 접근이 제한된 이들의 참
여를 어떻게 촉진할 것인지, 시민의 피드백이 무시될 때 정치인들에게 어
떤 책임을 물을 수 있을지 등도 고려되어야 할 측면이다. 실제로 아이슬
란드인들의 목소리는 보수정당의 강력한 견제로 인해 기약 없이 표류하
고 있는 상황이다.

최악의 가정을 상정하여 의회에 의해 개헌안이 영영 빛을 보지 못
한다고 하더라도, 세계 최초의 시민참여형 헌법 개정 과정은 그 자체로
혁신적이며 야심찬 발상으로서 아이슬란드 민주주의의 전환점으로 기
억될 것이다.

4. 캘리포니아 시민선거구획정위원회
(California Citizens Redistricting Commission)[141, 142]

2008년 8월, 캘리포니아는 유권자 우선 법안(Voters First Act)으로
알려진 개정법 11조(Prop 11)를 통과시킨다. 전통적으로 주 의회와 주지

---

141 시민선거구획정위원회는 추첨시민의회라고 볼 수 없지만 추첨을 포함한 방식으로
   시민 대표들을 선출하여 선거구획정이라는 공적인 역할을 맡겼다는 점에서 소개
   한다.
142 본 장은 선거구획정위원회의 공식 최종 보고서 및 캘리포니아 여성 유권자 연맹
   (League of Women Voters of California)에서 발행한 보고서 내용을 상당 부문
   참고하였다.

사, 때때로는 법원[143]이 행해왔던 공직자 선출을 위한 선거구획정의 업무를 캘리포니아 시민선거구획정위원회(California Citizens Redistricting Commission)라는 독립적인 위원회로 넘겨준 것이다. 시민선거구획정위원회의 주요 업무는 주의회, 상원, 조세형평국(Board of Equalization)을 위한 선거구 경계를 그리는 것이었다. 2010년에는 넉넉한 표차로 시민주도형 위원회의 관할범위에 연방의회 의석을 포함시키자는 내용을 골자로 하는 개정법 20조가 승인된다.[144] 이로써 자의적인 선거구획정이 야기하는 당파적 게리맨더링(gerrymandering), 현역 보호 관행과 같은 문제점들로부터 한 발짝 멀어지기 위한 캘리포니아의 모험이 시작되었다.

1) 도입 배경

캘리포니아에서 선거구획정의 문제는 오랜 기간 논란이 되어왔다. 유권자들은 1982년부터 2005년까지 4차례에 걸쳐 진행된 주민투표에서 선거구획정 권한을 시민들에게 넘기는 데 주저하였다. 2008년과 2010년에 나란히 통과된 개정법 11조와 20조는 2000년 인구조사 완료 이후 시행된 선거구획정 논란에서 발전한다. 2000년 당시 민주당은 주 의회, 상원은 물론이고 주지사까지 장악하고 있었기 때문에 자의적으로 선거구를 획정할 게리맨더링에 주저함이 없었다. 당시 캘리포니아 주 법(state law)은 유권자들이 주민투표를 통해 선거구획정안을 뒤집을 수 있는 권한을 보장하였는데, 양원 모두에서 절대다수(2/3)의 동의가 있는 경우

---

[143] 1990년대, 주 의회 다수당이었던 민주당과 공화당 주지사 간의 갈등으로 인해 법원이 지명한 팀이 선거구 지도(map)를 작성한 사례가 있었다.

[144] 한편 위원회를 완전히 시민들로만 구성하자는 개정법 27조가 부결됨에 따라, 제한적인 시민 위임의 아이디어가 다수 지지를 받았다고 할 수 있다.

주민투표를 우회할 수 있다는 예외 조항을 두었다. 민주당은 우회 요건을 충족시키기 위해 공화당 의원들의 표를 필요로 했다. 여기서 이른바 "현역의원 보호 플랜(incumbent protection plan)"이 대두된다(McDonald 2004). 결과적으로 현역 정치인들의 프리미엄을 보장했던 2001년의 선거구획정은 표면적으로는 신속하게 통과되었으며 즉각적인 정당 간 갈등을 회피하였으나, 의원들의 이해관계가 과도하게 개입된다는 인상을 줌으로써 논란의 불씨가 되었다. 민주당과 공화당이 성취한 평화가 궁극적으로는 선거 경쟁성을 저해할 뿐 아니라 의회 내 교착 상태가 악화되는 상황에서 교량 역할을 수행할 중도주의자가 설 자리를 빼앗을 잠재성이 있기 때문이다(Cain 2011).

이후 수년간 시민단체와 정치인들은 선거구획정 방식의 개혁을 위한 투표 법안(ballot measure)에 대해 논의하였다. 선거구획정 권한을 일반 시민들로 구성된 독립적인 위원회에 위임하자는 아이디어가 대중적 지지를 받지 못한다는 사실은 개혁주의자들로 하여금 어느 정도 내용의 타협을 감행하도록 만들었다. 주민투표에서 패배 경험이 누적되자 실질적인 진전이 필요한 때라는 위기감이 공감을 얻은 것이다. 먼저 적어도 의회의 반대를 유발하지 않기 위해 독립적인 위원회를 설립하되 의회 지역구를 제외한 주의회, 상원, 조세형평국의 선출에 활용되는 선거구획정만을 전담토록 하는 방안이 대두되었다. 또한 시민선거구획정위원회 위원단이 보다 다양한 이해관계를 포함할 수 있도록 수정을 가하였다. 특히 정당 영향력을 최소화하기 위해 위원단의 당파적 평등성을 보장한 것은 등록된 유권자 수가 민주당에 비해 다소 저조했던 공화당의 환심을 살 수 있었다(Ancheta 2014).[145] 2008년, 주민투표에 회부된 개정법 11

---

[145] 참고로 2011년 2월 기준, 캘리포니아 유권자의 44%가 민주당원, 30.9%가 공화당

조는 1% 미만의 표차[146, 147]로 통과되어 시민주도형 선거구획정위원회의 출범을 알렸다.

캘리포니아의 선거구획정 방식을 개혁하기 위한 오랜 노력 끝에 결실을 맺은 개정법 11조는 주의회, 상원, 조세형평국 선거구 작성을 독립적인 위원회에 맡기는 내용을 골자로 한다. 또한 매 10년마다 캘리포니아 선거구를 새로 획정해야 한다는 법률적 기틀을 마련하였으며, 내림차순의 우선순위를 부여받은 선거구획정의 여섯 가지 기준을 수립하였다. 특징적인 것은 이 기준에서 첫째 현역, 후보자 혹은 정당의 선호가 제외되었으며, 둘째 정치인들의 거주 위치가 고려되지 않았다는 사실이다(Cain 2011). 개정법 11조가 위원 선출 과정을 포함하여 다양한 세부 내용을 구상하고 있었던 것은 사실이나, 위원회 활동의 다른 영역, 특히 활동이나 준비 과정 그리고 기간에 대한 내용은 자세히 다루지 않았다.

개정법 11조는 비록 근소한 차이로 간신히 주민투표를 통과하였지만, 이 승리는 선거구획정 방식의 개혁이 필요하다는 인식을 확장시키는 데 기여하였다. 2년 후, 유권자들은 시민선거구획정위원회의 관할 범위에 의회 선거구획정까지 포함하는 개정법 20조를 승인함으로써 위원회의 활동 범위를 확장하는 데 동의하였다. 이로써 선거구획정이라는 법률적 업무가 독립적인 위원회의 소관으로 완전히 이전되었다(Ancheta 2014). 개정법 20조가 개정법 11조에 비해 다소 안정적인 61%의 찬성표를 확보했다는 것은 시민주도형 위원회라는 구상이 지지의 기반을 확

원, 20.4%는 무당파로 등록되어 있었다.

[146] 1% 미만의 표차이긴 하지만, 실제로 찬성표는 반대표에 비해 20만 표 이상 많았다.

[147] 대체로 백인과 공화당원의 지지를 받았지만, 어느 정도는 유색인종, 민주당원 그리고 무당파의 표도 끌어오는 데 성공하였다.

대하는 데 성공하였음을 보여주었다. 내용적으로 개정법 20조는 의회 선거구획정이라는 과제를 더함과 동시에 가능한 한 사회경제적 이해관계가 유사한 집단을 함께 묶을 것을 명시함으로써 CoI(Community of Interest, 이익공동체)[148]의 중요성을 매우 강조하였다. 이러한 업무의 무게감과 촉박한 데드라인[149]은 시민선거구획정위원회가 시의적절하게 조직을 꾸리고 이를 기반으로 숙고를 진행해나가는 데 어려움으로 작용하기도 하였다.

—

✥ 지도 작성의 6가지 기준(criterion)

1) 인구 평등(Population Equality); 선거구획정을 보조하는 소프트웨어인 'Maptitude for Redistricting'은 거의 평등한 인구수를 맞추어가며 선거구 경계를 조정할 수 있도록 도와주었다. 그러나 한 선거구의 변화는 주변 선거구에도 영향을 미치기 때문에 모든 선거구에 인구의 평등을 보장하기 위해서는 상당한 노력이 요구되었다.

2) 투표권리법(Voting Rights Act)과 소수대표(Minority Representation); 투표권리법은 인종 및 언어적 소수집단이 정치적 권력을 동등하게 보장받을 수 있도록 기회를 보장해야 함을 명시한다.

3) 지리적 인접성(Geographic Contiguity); 모든 선거구는 지역적으로 인접해야 한다.

4) 이익공동체(Community of interest)의 지리적 온전성; 개정법 20조는 '효율적이고 공정한 대표성의 보장을 위해 사회경제적 이해관계를 공유하는 인접한 인구는 하나의 선거구로 묶어야 한다'고 명시하고 있다. 이익공동체의 보장은 단언컨대 선거구획정 절차에서 가장 어려운 기준으로 작용하였다. 이익공동체에 대한 어떠한 합의된 성의노 부재했기 때문에, 시민선거구획정위원회는 스스로 분석틀을 만들어내야 했다. 시민선거구획정위원회는 이를 위해 대중들의 증언을 모으는 방식을 활용하였다.

---

[148] 캘리포니아 헌법에 따르면 CoI(Community of Interest, 이익공동체)는 비슷한 삶의 수준을 공유하고, 같은 교통시설을 사용하며, 유사한 노동 기회를 가지며, 선거 과정에 있어 동일한 언론매체에 접근성을 가지는 것 등을 특징으로 한다.

[149] 개정법 20조는 개정법 11조에 비해 시민선거구획정위원회 활동의 마감일을 한 달 더 축소하였다.

5) 지리적 조밀성(Geographic Compactness); 이는 이상하거나 왜곡된 형태의 선거구가 게리맨더링의 증거일 수 있음을 고려한 것이다(Ancheta 2014).

6) 내포성(nesting); 캘리포니아 헌법은 가능한 한 80개의 의회 선거구는 40개의 상원 선거구와 중첩되어야 한다고 명시하고 있다. 이 내포성은 투표권리법, 이익공동체들과 같이 높은 우선순위를 부여받은 기준들과 양립하기 어려운 것이었기 때문에 가장 영향력이 낮은 기준으로 설정되었다.

2) 구성 절차

시민선거구획정위원회 위원단의 선발은 전반적인 활동의 초석이 되었다. 14명의 적절한 위원을 찾는 데 예상보다 더 많은 노력과 시간이 소요되었다. 개정법 11조는 감사국(Bureau of State Audits)이 위원 선출을 전담하도록 명시하였다. 감사국은 규모는 작았지만 준(準)독립적인 위치에 있었으며, 잘 훈련된 직원들로 이루어져 있었다. 처음에는 위원단 선출에 1년을 예상하였으나, 실제로 작업이 완료된 것은 2년이 지난 후였다.[150] 감사국은 이 기간 동안 새로운 규정을 도입하고, 위원 후보자를 충원하고, 후보자들을 평가하였을 뿐 아니라 주 전체에 걸친 지원 프로그램을 실시하는 등 다방면의 노력을 아끼지 않았다. 시민선거구획정위원회 위원 후보자 풀(pool)을 가능한 넓게 확보하기 위해, 감사국은 언론, 소셜미디어 플랫폼, 홈페이지는 물론이고 인력을 총동원하여 전화와 메일에 응답할 수 있도록 하였다. 비영리 민간단체인 제임스 어빈 재단(James Irvine Foundation)은 감사국의 공공지원 프로그램과 교육 과정을 보조해주었다. 이러한 노력은 3만6,000명 이상이라는 지원자를 끌어오는 결과로 이어졌다. 이 중 2만5,000명에 가까운 수가 기본 요건을 충족하고 있었다.

---

150 위원단 선출은 2009년 1월부터 2011년 2월까지 진행되었다.

2009년 5월 19일의 주 전체 특별선거[151]는 시민선거구획정위원회 위원단 선출 과정에 대해 홍보할 기회를 제공하였다. 감사국은 반 쪽 분량의 공고를 작성하여 유권자들에게 배포하였다. 비슷한 시기, 공개입찰 결과 '오길비 PR(Ogilvy Public Relations Worldwide)'이 시민선거구획정위원회 위원단 선출의 대외홍보 담당으로 낙점되었다. 명망 높은 회사인 오길비는 공공정보 캠페인을 수행한 경력을 충분히 갖추고 있었다. 감사국의 지시하에 오길비는 광범위한 홍보 캠페인을 조직하였으며 기존보다 저렴한 비용에 라디오 광고를 성사시키는 등의 활약을 펼쳤다. 감사국 차원에서 홍보도 병행되었다. 감사국 직원들은 지역 및 주 언론에서 인터뷰를 진행하였으며, 전단지 및 기타 문서를 준비하는 등의 가시적인 활동을 펼쳤다. 이 과정에서 특정집단을 겨냥하기보다는 광범위한 홍보를 목표로 하는 언론 전략을 택하였는데, 이를 두고 시민권 운동가들은 소수 커뮤니티의 접근성이 저해될 수 있다는 우려를 제기하기도 하였다. 이러한 우려를 잠재우고 평등한 지원 기회를 보장하기 위해 감사국은 수차례에 걸쳐 온라인 회의와 워크숍을 개최하였다.

감사국은 온라인을 통해 지원자를 모집하였는데, 개정법 11조는 몇 가지 유의 사항을 상정하고 있었다. 예컨대 감사국은 2010년 11월 20일 이전에 8명의 무작위 선출을 마무리 지어야 했으며 무작위로 선출된 8명의 위원들은 남아 있는 시원사 풀에서 성별, 인송, 민족과 같은 다양성을 충분히 고려하여 6명의 나머지 위원을 선출하게 된다고 명시되었다. 〈표 4〉를 보면, 최초 지원자 리스트는 공식 유권자들의 인구통계학적 특성과는 다소 차이를 보였다. 특히 여성, 아시안, 라틴계가 과소대

---

151 당시 아널드 슈워제네거 주지사와 주 입법부는 6가지의 예산개혁 관련 법안을 주민투표에 회부하는 특별선거일을 마련하였다. 이는 캘리포니아주의 연간 적자(annual deficits)를 경감시키기 위한 조치로서 행해졌다.

표 되었다는 것이 확인된다. 그러나 최종 리스트는 실제 유권자 비율과 다소 닮아 있다. 이는 선발 절차를 다단계로 꾸리고, 여기에 예비 절차, 추첨, 다양성의 균형과 같은 주요한 요소를 충분히 고려한 결과라고 할 수 있겠다(Cain 2011).

〈표 4〉 총인구 대비 지원자의 성별, 인종 비율

캘리포니아	공식 유권자 (2008년 11월 기준)	최초 지원자	60명의 최종 리스트
남성	46.68	67.90	51.67
여성	53.52	32.10	48.33
백인	59.01	71.18	33.33
흑인	7.42	8.40	13.33
아시안	10.23	4.75	18.30
라틴계	21.92	11.02	28.33
기타	1.42	4.65	6.71

자료: 캘리포니아 여성유권자연맹(League of Women Voters of California)

공식적인 지원 절차가 시작되기 전, 지원자 명단의 예비적인 검수를 담당할 지원자 심사단(Applicant Review Panels)이 꾸려졌다.[152] 지원자 심사단은 무작위로 선출되었는데 각각 한 명의 민주당원, 공화당원, 무당파로 구성된 독립적인 패널(Ancheta 2014)로서, 고위 회계감사관들이 모여 시민선거구획정위원회 지원자들을 가려내는 역할을 수행하였다. 지원자 심사단 활동은 감사국 소속 변호사 및 각 패널 멤버의 보조 인력 등이 지원해주었다. 보다 구체적으로, 감사국은 지원자 심사단 미

---

[152] ARP의 선출은 2009년 11월 16일에 이루어졌다.

팅을 주재하고, 인터뷰를 실시하였으며 지원자 데이터를 분석하고 공고하였다. 덧붙여 필요하다고 판단되는 추가적 연구를 수행하여 효율적인 운영을 뒷받침했다. 또한 지원자 심사단 멤버들은 투표권리법에 대해 학습하여 위원들이 마주할 요구사항에 대해 미리 이해하도록 조치하였는데 이러한 시기적절한 교육은 실제 전체 위원회를 위한 훈련이 지연된 것과는 대조적이다.

지원자 심사단은 매우 공적이고 투명한 방식으로 지원자들을 검토하였다. 모든 지원자 심사단 미팅은 공적으로 개최되었으며, 인터뷰 또한 공개되었으나 보조 인력을 제공받았기 때문에 공적 압박으로부터 비교적 자유로울 수 있도록 조치되었다. 각 지원자 심사단 멤버들은 개인별로 지원서를 평가한 후 이를 기반으로 다른 패널 구성원들과 공적 회의에서 의견을 나누었다. 근무 경력, 가족관계 증명, 에세이, 추천서 등을 포함한 모든 지원서를 제출한 4,546명을 대상으로 패널 구성원들은 독립적이고 만장일치의 투표를 진행하여 2010년 6월 11일, 풀을 622명으로 축소하였다. 풀이 작아지자 각 지원자들은 엄격한 검증 절차를 거쳤다. 그 결과로 자격을 갖추고, 합리적으로 다양한 배경을 가지고 있으며, 이해관계의 갈등 없는 최종적인 인력 풀을 완성하였다. 지원자 심사단은 개정법 11조에 기반하여 지원서를 추천하는 데 있어 특히 다양성을 중요하게 고려하였다. 지원자 심사단은 60명의 적격한 지원자를 선발하는 임무를 맡았는데 민주당, 공화당, 무당파 등 3개의 정치적 하위집단으로부터 각각 20명씩을 구성하였다.

지원자 심사단이 60명의 최초 인력 풀을 구성한 후, 거대 정당 지도자들은 자유재량에 근거하여[153] 이 명단으로부터 2명에 대한 비토권을

___

153 해당 후보자를 배제하기 위한 합리적인 근거를 제공하지 않아도 되었다.

행사하였다. 이는 정당 지도자들로 하여금 선거구획정위원회의 당파적 성향을 가능한 한 최소화하기 위한 방안이었다.[154] 이 과정을 거쳐 각각 12명의 공화당 성향, 민주당 성향, 무당파 후보자가 남게 되었다. 2010년 11월 중순 즈음, 감사국은 남아 있는 인력 풀로부터 각각 공화당 성향 3명, 민주당 성향 3명, 그리고 2명의 무당파 성향 후보자를 무작위로 선출하는 데 신중을 기하였다. 먼저 선발된 8명의 위원들은 2011년 1월, 이미 존재하는 풀에서 6명의 나머지 위원을 선발하였다.[155, 156] 때론 무작위 선출이 결과적으로, 예컨대 지리적 배경 등에서 편파적인 구성이 될 수 있다는 우려하에 시민선거구획정위원회 위원 구성이 인구학적 특성을 비롯하여 능력, 지역 등과 같은 차원에서 다양성을 보장하기 위한 방안이었다(Ancheta 2014).

최종적으로 14명의 위원은 공화당원과 민주당원 각각 5명, 무당파 유권자 4명으로 구성되었다. 이들은 인종, 성별, 업무 경력은[157] 물론이고 지리적 출신이나 활동 지역의 측면에서 다양한 배경을 가지고 있었으나, 교육 수준은 상당히 높았다. 위원단 전원이 대학 교육을 받았을 뿐 아니라 일부는 석박사 학위를 소지하기도 하였다(Cain 2011). 이 장황하

---

154 시민선거구획정위원회 위원 구성은 당파적으로 엄격한 기준이 적용되었으나, 기술자나 법률적 사안을 고려하는 자문단 등의 당파성에 대해서는 가이드라인이 부재했다(Cain 2011).

155 6명의 나머지 후보자 선출은 절대다수의 동의로 이루어졌는데, 적어도 2명의 민주당원과 공화당원 그리고 한 명의 무당파가 찬성해야만 하는 방침을 세웠다.

156 이러한 단계적 위원단 선출 방식은 자연스레 최초 8명의 위원과 이들에 의해 선발된 6명의 위원을 나누어놓았다. 최초 8명의 위원들은 나머지 6명 위원 선발을 위해 2010년 12월 내내 모였었기 때문에 완전히 함께 어우러지는 데는 어느 정도의 시간이 소요되었다.

157 위원들은 법, 도시설계, 사업 경영 및 다양한 영역의 근무 경력을 가지고 있었다(Ancheta 2014).

고 대단히 복잡한 선출 방식을 통해 시민선거구획정위원회는 다양하고 자격이 충분한 이들로 구성되었다(Ancheta 2014). 위원단 선출에 이토록 상당한 공을 들인 것은 긍정적인 측면과 부정적인 요소를 동시에 내포하였다. 초당적이고 능력 있는 위원단의 선출은 시민선거구획정위원회 활동에 대한 기대를 불러일으켰으나, 이 과정에 투입된 시간과 자금의 소모가 컸기에 위원회는 남아 있는 활동을 서둘러야 했으며 펀딩 부족으로 인해 비영리단체들의 지원활동에 의존해야만 했다.

3) 시민선거구획정위원회의 조직과 진행

(1) 조직 충원

2년 동안의 선발 과정이 마무리된 2011년 1월, 시민선거구획정위원회는 본격적인 활동에 착수한다. 리더를 선출하고 직원을 고용하는 일 등 조직적인 사안에서부터 공청회를 열고 우선순위에 의거하여 자료를 재구성하여, 이를 바탕으로 선거구를 획정하기까지 주어진 기간은 단 8개월이었다. 경험이 없는 조직이었던 시민선거구획정위원회는 이 모든 과정을 순탄하게 헤쳐나가기 위해서 그 무엇보다 본보기를 필요로 했다. 주어진 방대한 업무에 우선순위를 매기고, 필요한 자원을 적절하게 배분하는 것은 대단히 복잡한 일이기 때문이다. 안타깝게도 실제 시민선거구획정위원회는 조직 구성과 운영을 위해 참고할 만한 매뉴얼을 가지고 있지 않았기 때문에, 무엇이든 즉석으로 처리하는 수밖에 없었다. 운영에 대한 제한된 정보를 가지고 어떻게 숙고할 것인지를 결정해야 했던 것이다. 특히 핵심적인 업무였던 투표권리법 학습 및 자문인단 고용 등이 지연되는 어려움을 겪었으며, 야심찬 공청회 계획은 예상했던 것보다 더 많은 시간과 노력을 요구했다. 이러한 전략적 오판으로 인해 선거구획정을 위한 심의는 두 달도 안 되는 기간에 완료되어야 했다.

시민선거구획정위원회의 가장 주요한 업무는 단연 177개의 주와 연방 선거구를 획정하는 일이었다. 그러나 이 과업을 수행하는 데는 극도로 짧은 시간만이 주어졌다. 개정법 20조가 통과되면서 타임라인은 더욱 촉박해졌다. 절대적인 시간이 줄어든 것은 물론이고 현직 프리미엄보다는 이익공동체들에 초점을 맞춰야 한다는 기준이 주어졌기 때문에 단순히 기존의 선거구에 의존할 수도 없었다. 이 과제를 무난히 수행하기 위해서는 미리 준비된 조직적 노력이 필요했으나 이러한 기반이 부족했다. 여기에 주의 규모, 제한된 예산, 선거구의 수 등의 어려움이 더해져 마감일을 맞추는 것은 매우 힘든 여정이 되었다.

2011년 1월 12일, 최초로 시민선거구획정위원회의 공식회의가 소집되었다. 시간상의 문제로 위원들은 직원 고용이 완료되지 않아도 업무에 착수하기로 합의하였으며, 재빠르게 소위원회 구성을 위한 제안서를 채택하였다. 한편 시민선거구획정위원회 위원단이 상당한 교육 수준과 다방면의 업무 경험을 갖추고 있는 것은 사실이었지만, 선거구획정의 중대한 가이드라인으로써 투표권리법에 대해 일찍부터 학습하는 것은 꼭 필요한 작업이었다. 최초 8명의 위원들은 선발된 후 곧이어 투표권리법의 훈련을 받았지만, 나머지 6명의 위원들은 동영상을 시청하며 스스로 학습하도록 장려되었다. 전체 위원회 수준의 교육은 3월 말이 되어서야 실시되었다. 이 교육 과정은 투표권리법과 관련된 법적 요건을 다루었는데, 구체적으로 해당 법을 준수하며 시민선거구획정위원회의 활동을 병행하는 방안이나 데이터를 제공하지 않았다는 아쉬움을 남겼다.

공공서비스 종사 경험이 없는 멤버를 다수 포함한 시민선거구획정위원회는 다양한 조직적 차원의 도움을 필요로 하였다. 업무 지원의 일환으로 개정법 11조는 주정부 장관(Secretary of State)이 "직원과 오피스가 완전히 기능하기까지 시민선거구획정위원회에 지원기능을 제공"하도록 명시하였다. 장관실은 2010년 9월 즈음, 캘리포니아 주 의회의 명령에 따라 감사국과 장관실의 협력 방안에 대한 상세한 액션플랜을 담은 보고서를 발간하였다.

> "2010년 11월부터 2011년 2월에 걸친 기간은 시민선거구획정위원회의 중대한 이행기로 판단된다. 주정부 장관은 감사국과 긴밀히 협의하여 정보의 투명성과 일관성을 보장한다. 평탄한 이행을 위해 장관과 감사국은 활동 사안을 논의하기 위한 월례 회의를 개최한다."[158]

또한 주 장관실은 인사관리과(Department of Personnel Administration)의 감독하에 상임이사(executive director)의 선발 과정을 이끌었다. 상임이사에게는 직원과 시민선거구획정위원회를 연결시키고 위원들의 활동을 지도하는 역할이 기대되었다. 2011년 1월 19일, 시민선거구획정위원회 위원 선발 과정을 조직한 감사국 팀 프로젝트 매니저에 댄 클레이풀(Dan Claypool)이 지명되었다.

업무 지원을 위해 다양한 직원, 자문단, 변호인 등을 고용하는 과정은 시민선거구획정위원회의 당파적 편향에 대한 비판을 야기하였다 (Ancheta 2014). 공화당 측은 시민선거구획정위원회의 상임이사가 민주당원일 뿐만 아니라 투표권리법 관련 변호인, 데이터 편찬 및 소프트웨어를 다루는 기술팀 등이 민주당에 편파적인 성향을 보인다고 맹공을

---

[158] "Administrative Support Action Plan for the Citizens Redistricting Commission, State of California" http://www.sos.ca.gov/administration/agency-reports/citizens-redistricting-commission-agency-reports/ (검색일 2017년 4월 13일).

가하였다. 선거구획정 컨설팅 회사인 'Q2'[159]와의 계약도 논란에 휩싸였다. Q2가 주 수준의 선거구획정 경험이 없었다는 점에서 홀로 광대한 캘리포니아 업무를 감당할 수 없을 것이라는 우려가 제기되었던 것이다. 이 과정에서 당파성 역시 만연하였는데, 공화당 측은 Q2의 공동 소유자 중 한 명이 민주당과 협업한 경력이 있다는 점을 들어(Ancheta 2014), 경쟁사였던 '로즈 연구소'의 입찰을 위한 로비를 벌이기도 하였다.

(2) 지원 활동

개정법 11조는 시민선거구획정위원회가 "선거구를 획정하는 데 있어 대중적인 숙고가 가능하도록 개방적이고 투명한 절차를 운용할 것", "공적 투입 및 숙고를 위한 개방적인 공청회 절차를 수립할 것"을 명시하고 있다. 시민선거구획정위원회는 이 의무를 수행하기 위해 다방면의 노력을 기울인다. 시민선거구획정위원회는 대중의 조언에 매우 높은 우선순위를 부여하였다. 게다가 공적 투입만이 이익공동체들에 부합하는 선거구획정을 위해 활용할 수 있는 유일한 수단이라는 조언을 새겨, 공공 행사를 통해 대중들의 이야기를 듣는 데 상당한 의미를 부여했다. 이러한 노력은 곧 높은 대중적 관심으로 이어졌다(Ancheta 2014).

시민선거구획정위원회는 2011년 1월에 있었던 첫 회의에서 지원에 대해 집중적으로 논하였다. 지원위원회는 소위원회 중 위원들이 가장 많이 자원하는 높은 인기를 보였다. 유권자들은 선거구획정 과정이 투명하게 이루어지기를 원하였으며 대중들의 조언을 주요하게 고려할 것을 소망하였다. 이를 실현하기 위해 지원위원회는 시민선거구획정위원회

---

[159] Q2는 지원 활동에서 수집된 공적 투입 데이터를 정리하고 재조직하는 역할도 수행하였다.

활동을 대중에게 전달하고, 대중의 투입을 이해하기 쉬운 형식으로 재구성하는 등의 노력을 쏟았다. 또한 시민선거구획정위원회는 자체적인 지원 활동도 수행했다. 이 활동들은 언론 노출, 공청회에서 발언, 언론 발표, 회의 스트리밍, 시민선거구획정위원회 활동 사안을 업로드하는 웹사이트 운영 등을 포함하였다. 시민선거구획정위원회의 모든 공청회는 실시간 스트리밍되었을 뿐 아니라 언제나 시청할 수 있도록 녹화되어 홈페이지에 게재되었다. 속기사들이 업무 회의에 참석하였고, 작성된 속기록 또한 업로드되었다. 이러한 공적 검열의 가능성은 캘리포니아주의 공개회의법(Open Meeting Laws)에 의거하면 피할 수 없는 것이기도 했다.

예산 및 시간적 자원의 한계로 인해 지원을 위한 컨설팅 계약을 자체적으로 실현하는 것은 무리가 있었다. 자연스레 이 활동은 시민선거구획정위원회 위원단, 직원, 그리고 비영리민간조직의 자발적인 지원에 의존하였다. 투표권 관련 단체는 이미 위원 선출 과정에서부터 관여하고 있었으며, 캘리포니아 여성 유권자 연맹, 제임스 어빈 재단 등과 같은 단체들이 각기 다른 방식을 통해 공공 참여를 증진시킬 수 있도록 힘을 보탰다. 이러한 도움으로 시민선거구획정위원회는 주 전역에서 총 34번의 공청회, 70회 이상의 심의 회의(Deliberation Meeting)를 개최하였으며 발언자만 2,700명에 달하였다. 참가자들의 연령은 10대부터 80대까지 다양했으며(Ancheta 2014) 2,000여 곳 이상의 조직과 2만 명 이상의 개인이 시민선거구획정위원회에 서면 제안서를 제출하였다. 지원 프로그램에 다양한 단체들이 참여하면서 감사국과 외부 단체들의 책임 소재가 불분명하다는 불만도 제기되었으나 시간이 흐르며 이 관계는 점차 협력적으로 변모하였다. 외부 단체가 투입을 제안하면 감사국 직원이 이 제안에 반응하는 방식이 정착되었다.

시민선거구획정위원회는 2011년 6월 10일, 지도 초안을 발행하기에 앞서 주 전역에서 23차례의 공청회를 개최하였다. 5일간의 검토 기간 이후 곧 11차례의 추가적인 공청회를 통해 지도 초안에 대한 반응과 코멘트를 수집하였다. 위원단의 공청회 참여도 또한 상당했는데 총 245번[160] 이상 공개 석상에 모습을 드러냈으며, 다양한 지리적 배경만큼이나 주 전역을 가로지르는 활동을 펼쳤다. 7월이 되자 시민선거구획정위원회는 두 번째 지도 초안을 공개하기보다는 한 번에 하나의 선거구를 시각화(visualization)하는 방안을 고안했다. 이러한 특정 선거구 지도의 시각화는 시민선거구획정위원회로 하여금 공청회의 의견을 최대한 반영하기 위함이었다. 시민선거구획정위원회의 1차적인 결정을 단순히 반영한 시각화 자료는 공개된 이후 대중이 공청회나 메일을 통해 보내준 의견을 더하여 수정되었다.

이렇듯 시민선거구획정위원회 활동의 강점 중 하나는 대중과 접촉에 상당한 노력을 기울였다는 것이다. 자원의 제한에도 불구하고 시민선거구획정위원회는 적극적으로 대중의 코멘트를 구하였다. 이 과정에서 예상치 못한 수준의 관심을 받았고, 따라서 기대보다 더 많은 대중의 투입을 확보할 수 있었다. 물론 시민선거구획정위원회가 자체적으로 효율적인 절차를 구축하고 기술 및 소프트웨어의 도움을 받았음에도 불구하고, 참여의 정도가 상당했던 만큼 새로 유입된 정보를 처리하는 과정이 쉽지만은 않았다(Ancheta 2014). 또한 활동의 계획을 세우고 실제로 수행하는 과정에서 전문적인 도움이 부족했다는 것은 분명히 약점으로 작용하였다. 때때로 이 과정에 참여하고자 했던 개인들도 시민선거구획정위원회가 수행하는 기술적인 작업에 관여하는 데 어려움을 겪었으며, 시민선거구획정위원회가 공적 투입을 적절한 방식, 예컨대 시민선

---

[160] 공청회 참여뿐만 아니라 언론과의 인터뷰도 포함한 횟수이다.

거구획정위원회의 활동 반경을 결정하는 법률적 프레임과 부합하는 방식으로 심의하는 데 어려움을 겪기도 하였다.

특히 시민선거구획정위원회는 이익공동체들을 강조한 개정법 11조의 준수를 위해 전적으로 공적 투입에 의존했다.[161] 그러나 수많은 커뮤니티의 특성에 관한 정보들을 적절히 따져볼 수 있도록 하는 데이터 없이 투입만으로 완전한 그림을 그려내는 것은 분명 무리가 있었다. 특히 시골이나 인구가 적은 지역의 경우 참여가 저조한 경향도 있었기 때문에 이러한 지역을 이해하는 데 필요한 정보를 수집하지 못한 것은 잠재적으로 문제의 소지가 있다고 지적된다(Ancheta 2014). 이는 다음 시민선거구획정위원회는 대중의 투입과는 독립적으로 잠재적인 선거구의 데이터에 접근 가능한 소스를 마련해야 한다는 지적이 나오는 배경이기도 하다.

(3) 지도 작성

시민선거구획정위원회는 2011년 6월 10일, 지도 초안을 공개했다. 이후 7월 말까지 지도 작성에 모든 자원을 투자하였고, 2011년 8월 15일 최종안을 제출하기까지 여러 차례 검토를 수행하였다. 보다 넉넉한 시간과 풍부한 데이터가 주어졌어야 한다는 아쉬움이 남는 것은 분명하지만 최종안은 주어진 6가지 헌법적 기준에 부합한다는 평가를 받았다.

지도 작성 과정은 4달이라는 촉박한 타임프레임으로 압축되었다. 지도 작성팀은 2011년 1월이 되어서야 구성되었으며, 이후 적어도 두 달

---

[161] 안체타(Ancheta 2014)는 시민선거구획정위원회가 공적 협의 과정에 상당한 우선순위를 부여함으로써 상당한 시간과 자원을 투자하였지만 실질적으로 정보의 효용은 크지 않았고, 이러한 오판이 최종안 작성에 필요한 심의를 저해하였다고 주장한다.

을 대중의 증언이나 보조적 데이터 수집에 몰두해야만 했다. 따라서 지도 작성은 인구 데이터가 발표된 이후에야 닻을 올릴 수 있었다. 미국 인구조사국(U.S. Census Bureau)이 3월 8일 캘리포니아 선거구획정을 위한 데이터를 공개하였고, 같은 달 19일 지도 작성을 위한 자문위원이 고용되었다. 4월, Q2와의 계약이 성사되었으며 4~5월에 걸쳐 각종 공청회가 예정되어 있었다. 5월 말이 되어 모든 준비가 마무리되자, 시민선거구획정위원회는 지도 작성을 위한 본격적인 작업에 착수한다. 따라서 5월 말부터 7월 말까지, 두 달이라는 짧은 기간에 방대한 양의 업무가 집중된 것이다.

Q2는 캘리포니아를 9개의 구역으로 나눈 후 각 지역별로 수집된 공적 코멘트를 요약하여 '디자인 원칙' 혹은 '지도 작성의 원칙'을 수립했다. Q2와 시민선거구획정위원회는 투표권리법 자문단과의 협의를 통해 어떤 선거구가 소수 커뮤니티로서 보호받아야 하는지 결정하였다. 5월 5일경 Q2가 완성한 최초의 지도를 기반으로 시민선거구획정위원회 위원들이 수정을 거듭하였으며, 자문단은 법리적 조언을 제공하였다. 투표권리법의 준수가 지도 작성의 기준에서 매우 높은 우선순위를 부여받았기 때문에, 자문단은 선거구를 결정하는 데 중요한 역할을 수행하였다.

6월 10일 최초로 발표된 지도는 불완전한 정보 수집을 바탕으로 생산되었다는 점에서 시민권 운동가나 소수 커뮤니티의 맹공의 대상이 되었다. 투표권리법에 부합하는 선거구획정을 위해서는 인종적으로 극화된 지역에 대한 심도 깊은 통계적 분석 등이 필수적이었으나 조사를 위한 인력 고용이 지연되는 과정에서 이러한 고민이 초안에 포함되지 못하는 경우가 발생했기 때문이다(Ancheta 2014). 특히 라틴계의 반발은 극심했다. 시민선거구획정위원회는 이러한 비판을 수용하고 재검토한 끝에 초안에 비해 최종안에서 선거권을 가진 라틴계 인구수를 상당히 증가시키기도 하였다(Cain 2011). 시민선거구획정위원회는 대중의 코멘트를 바탕으로 지도 수정에 심혈을 기울였던 것이다. 6월 24일부터 7월 28일까지의 집중 기간은 시민 선거구획정 과정의 정수라고 할 수 있다. 어마어마한 양의 공적 투입과 다양한 이해관계를 최대한 고려하고자, 시민선거구획정위원회는 '작업의 시각화(working visualization)'라는 새로운 절차를 구상하였다. 이는 완성된 지도를 만들어 공개하기보다는 작업 중인 지도를 공개하고 수정하여 최대한의 투입을 소화하려는 방안이었다.

시민선거구획정위원회 모델은 현역 정치인들의 영향력을 최대한 제한하기 위해 심혈을 기울였다. 케인(Cain 2011)에 따르면 시민선거구획정위원회는 몇 가지 주목할 만한 방어 전략을 택하였다. 첫 번째는 14명의 시민선거구획정위원회 위원을 선발하는 과정에서 확인된다. 시민선거구획정위원회 위원이 되고자 하는 이들은 공식적인 캘리포니아 유권자로 등록되어야 했는데, 최근 세 차례의 선거에서 두 번 이상 투표했어야 하며, 지속적으로 특정 정당의 지지자로 등록했거나 혹은 최근 5년간 완전히 정당과의 연계를 가지지 않아야만 했다. 또한 시민선거구획정위원회 활동 이후 10년간 선출직 공무원으로 진출하거나, 5년간 의회 직원 혹은 로비스트로 활동하는 것이 금지되었다. 두 번째 방어 전략은 현역 프리미엄을 보호하는 관행을 깨고 이익공동체들과 같은 새로운 기준을 제시한 개정법 11소 자체를 뽑을 수 있다(Ancheta 2014). 세 번째로 시민선거구획정위원회의 특징인 운영의 투명성과 공적 투입 절차를 들 수 있다. 주 전역에서 실시된 공청회는 광범위한 시민참여를 보장하였을 뿐만 아니라 어빈 재단이 주 전역에 설립한 지원센터는 스스로 선거구를 그려보고자 하는 이들에게 기술적 도움을 제공하였다. 마지막으로 시민선거구획정위원회의 주요한 결정은 특정한 무리에 의해 좌지우지되지 않도록 절대다수의 지지를 요구하였다. 이러한 이행 디자인은 시민선거구획정위원회가 공정한 운영을 해나갈 수 있도록 강제하였다.

2011년 8월 15일, 시민선거구획정위원회는 새로운 선거구 지도를 확정지었다. 초당파성을 확보하기 위한 다양한 노력에도 불구하고 공화당 측은 시민선거구획정위원회의 최종안이 주 의회에서 민주당의 절대다수를 보장해줄 뿐 아니라 하원에서 5석을 더해줄 수 있다는 판단하에 다양한 방식으로 불만을 제기하였다(Cain 2011). 그러나 캘리포니아 대법원은 세 차례의 소송을 만장일치로 기각하였으며, 미국 법무부는 시민선거구획정위원회의 선거구획정안이 투표권리법을 충분히 고려하고 있다는 사전 승인(preclearance)을 제공함[162]으로써 힘을 실어주었다. 공화당이 지원하는 주민투표(개정법 40조)가 실시되는 2012년 11월까지 주 상원의원 선출을 위한 선거구획정안을 보류해달라는 요구 또한 기각되었다. 더욱이 2012년 상원의원 선거에서 시민선거구획정위원회의 선거구획정안이 활용됨으로 인해 주민투표 캠페인의 동력이 상실되었고, 결국 2012년 11월 71.9%의 유권자가 시민선거구획정위원회 안에 동의하였다.

4) 의의

시민선거구획정위원회 모델을 시민주도형 선거구획정위원회의 이상으로 꼽기에는 아쉬운 지점이 분명 존재한다. 먼저 시간과 자원의 부족은 시민선거구획정위원회의 방식이 과거에 비해 더 나은 대안을 산출하는 방안인지에 대해 충분히 설득하지 못하는 걸림돌이 되었다. 양질의 데이터에 기반하여 보다 풍부한 옵션을 고려할 수 있었다면 시민선거구

---

[162] http://latimesblogs.latimes.com/california-politics/2012/01/justice-department-signs-off-on-california-redistricting.html (검색일 2017년 4월 13일).

획정위원회의 절차와 결과물에 대한 설득력을 높여줄 수 있었을 것이란 볼멘소리도 적지 않다. 전반적으로 볼 때, 시민선거구획정위원회는 활동의 준비나 숙고보다는 위원의 선출에 훨씬 많은 시간과 자원을 할애하였다. 감사국은 2009년 1월에 위원 선출 과정에 착수하여 2010년 12월이 되어서야 최초의 위원 선발을 완료하였다.[163] 자연스레 시민선거구획정위원회의 핵심적인 숙고 과정은 8개월로 압축되었다. 위원 선발 과정에 들인 시간의 절반에도 미치지 못하는 기간 동안 중대한 업무를 완수해야만 했던 것이다.

그러나 보다 중요한 것은 시민선거구획정위원회가 평탄치 못했던 이 과정을 몸소 겪으며 개선의 발판을 마련했다는 사실에 있다. 시민선거구획정위원회는 입법부와 협의를 통해 선거구획정과 관련된 법조항에 대한 몇 가지 의미 있는 진전을 이루어냈다. 예컨대 차기 시민선거구획정위원회 활동에 있어 조직적 이행이나 회의 스케줄 등이 더 효율적으로 조정될 수 있도록 수정하였으며, 위원 선출을 위한 4달 반 이상의 추가적인 기간을 확보하여 나머지 필수적인 활동에 시간적 여유를 더해주었다(Ancheta 2014). 또한 다양한 어려움에도 불구하고 시민선거구획정위원회의 운영 절차와 결과물은 연방법 및 주법을 준수하였을 뿐만 아니라 시민선거구획정위원회를 촉발한 개정법 11조가 강조한 투명성이나 참여 등의 가치를 수호하였다. 이러한 성취는 선거구획정 과정에 사익 추구의 가능성을 제한하고 시민적 관여를 허용하는 시민주도형 모델이 성공적인 활동을 펼칠 수 있음을 증명해 보였다.

---

[163] 이 2년의 기간 중 첫 10개월은 대부분 선발 절차의 규율을 발전시키는 데 소요되었다.

〈표 5〉 해외 사례 비교

장소	브리티시 컬럼비아주 (캐나다)	온타리오주 (캐나다)	아일랜드		아이슬란드	캘리포니아 (미국)
프로젝트 / 시행연도	선거제도 개혁 시민의회 (2004년)	선거제도 개혁 시민의회 (2006~2007년)	헌법에 관한 컨벤션(2013)	시민의회 (2016년)	헌법개정 실험 (2010~2012년)	캘리포니아 시민 선거구 획정 위원회
업무	선거제도 개혁	선거제도 개혁	헌법 8개 조항 검토	수정헌법 8조를 포함한 중요한 이슈의 검토	새로운 헌법 제정(?)	선거구획정
기간	1년	9개월	14개월	1년 예정	2년	2년 7개월
예산	410만 유로	450만 유로	120만 유로	60만 유로	220만 유로	300만 달러
참가 인원	시민 160명	시민 103명	시민 100명	시민 100명	시민 25명	시민 14명
참가 인원 구성	총 79개의 선거구 각각에서 선발된 남녀 1명+원주민 2명	선거구마다 시민 1명씩 각각 여자 52명, 남자 51명	비정치인 66명, 정치인 33명, 의장 1명	의장 포함 100명으로 여성 52명, 남성 48명	지역별·성별 비례에 따라 대표 선발	지원자 풀 (pool)로부터 선발+추첨
선발 방식	주민등록 명부에 기초한 1차 추첨→ 자가 선발→ 2차 추첨	1. 의장: 임명 2. 비정치인: 추첨 3. 정치인 : 선거		인구통계학적 변인을 고려한 추첨	직접 선거를 통해 1. 입후보 522명 2. 25명 선출 3. 의회 추천	지원자 검토 후 인력 풀 (pool) 구성→ 일부 무작위 선출→ 무작위 선출된 위원이 나머지 위원 선발
보상	일당 110 유로		모든 비용 실비 처리	교통비, 숙박비, 식비 제공	참가자에게 4개월 의회 급여 지급	일당 300달러

진행 절차	학습 단계→ 공청회 단계→ 심의 단계	심의→ 실시간으로 중계되는 총회 →보고서 제출	어젠다 학습→ 이해관계자의 발표→ 총회→ 보고서 제출	전국 포럼→ 개헌의회→ 헌법심의회	공청회→ 지도 초안 작성 →추가 공청회를 통해 반응 및 코멘트 수집→ 최종 선거구획정
권한	주민투표를 통해 확정될 경우 구속력 지님	의회를 통과할 경우 구속력 지님		국민투표를 통해 확정될 경우 구속력 지님	주 의회, 상원, 조세형평국, 연방 의회 선거를 위한 선거구획정
결과	2005년, 2009년 주민투표에서 부결 / 2007년 주민투표에서 부결	의회가 권고안을 수용할 경우 국민투표 개최를 위한 타임프레임 명시		2012년 국민투표를 통과 하였으나 의회에서 표류 중	10년마다 새로운 선거구획정

4장

추첨시민의회의
다양한 제안들

앞서 살펴본 외국 사례들은 선거제도 개혁이나 헌법 개정 관련 시민의회 활용 차원이다. 실제 활용까지는 아니지만 추첨시민의회 방식의 다양한 제안들을 찾아볼 수 있다. 의회 상임위원회 차원부터 기존 의회를 대체하자는 주장까지 다양한 제안들을 살펴봄으로써 추첨시민의회 도입을 검토할 때 보다 활발한 논의가 가능할 것이다.

1. 의회 상임위원회로서 시민선거배심[164]

스나이더(Snider 2006)는 시민선거배심(Citizens Electoral Jury)을 제안한다[165]. 선거자금, 선거구 조정 등과 같은 의원들의 이해 상충에 대한

---

[164] 스나이더(Snider 2006)를 요약 정리한 것이다.

[165] 그는 "캐나다 주들의 선거개혁시민의회는 국민투표를 수반했지만 미국 헌법은 정부의 국가적 수준의 국민투표를 위한 조항도 없는 상황이었다. 그래서 국민투표들을 허용하는 헌법 수정을 통과하는 것은 이론적으로 가능하지만 그것은 이러한 제안을 실행하기 위한 아마도 극복할 수 없는 장애를 만들 것"이라고 보았기 때문에 현실적 대안으로 의회 내 위원회 제안을 주장한다. 다만 주의 경우 많은 주에서 주민투표를 허용하기 때문에 선거개혁시민의회처럼 가능하냐고 기술한다. 한편 국가 차원에서 입법권은 오직 선출직 공직자들에게만 있기 때문에 이들의 선의에 호소해야 하지만 많은 주가 주민발안 제도가 있기 때문에 주민발안으

견제 장치 미비로 입법부 현직 의원들의 권력을 억제하는 데는 문제가 있다고 주장한다. 대안으로 제시되어 온 것이 외부 인사들로 구성된 독립 기구였다. 그러나 이들은 대의제 시스템 범위 내에서 의원들이나 정당이 선택한 사람들이기 때문에 독립적이지 못하며, 일반 대중의 이익을 위해 행동하지 않을 때 그들에게 책임성을 갖도록 하는 장치가 없다는 근본적인 문제가 있다.

이러한 민주적 딜레마에 대한 해결책으로 '후보 정보와 선거제도에 관한 시민배심'(Citizens Jury on Candidate Information and Electoral Systems, 약칭 Citizens Electoral Jury)을 제안한다. 이것은 앞서 살펴본 선거제도 개혁을 위해 캐나다 두 개주에서 운용한 선거개혁시민의회를 모델로 하고 있으나, 보다 범위 면에서 확장되고 제도적으로 안정적인 형태를 가진다.

이 제안 역시 기본적으로 민주주의적 정당성뿐만 아니라 효율성 확보를 위해서[166] 배심원을 무작위 선택으로 구성하고 또한 다양한 이익들의 보다 정밀한 대표성을 보장하기 위해서 국가 수준에서는 500명의 배심원을 제안한다. 타운미팅과 같은 지역에서는, 30명에서 50명의 배심원으로 적절하게 구성할 수 있다. 선거개혁시민의회와 달리 단지 선거제도뿐만 아니라 선거구 조정이나 투명성 등 의원들이 직접적으로 이해가 상충 되는 이슈까지 확장되며, 정부 조직으로 통합됨으로써 시민선거배심에서 결정한 사항이 의회에서 무시되거나 중단되는 것을 방지할

로 이러한 제안을 시도해볼 수 있다고 본다.

[166] 그는 "선거로 선출된 대표자들에게 결정을 위임하는 것처럼, 시민 배심원 대표자들에게 결정을 위임하는 것은 효율성에서 막대한 이득이 있다. 왜냐하면 심의를 위해 2억 이상을 들일 때보다 500명을 투입할 때가 매우 더 효율적이기 때문이다" 라고 기술하고 있다.

수 있다. 정부 조직으로 통합한다는 의미는, 시민선거배심을 의회의 하나의 상임위원회인 후보 정보와 선거제도에 관한 시민위원회(Citizens' Committee on Candidate Information and Electoral Systems, 약칭 Citizens Electoral Committee)로 두는 것이다. 이것은 자문위원회가 아니라 다른 상임위원회와 유사한 권한을 가지며 미국 양원에 복무하는 위원회이다. 관할 내 이슈들에 관하여 심의하고, 표결을 위해 양원으로 의안을 보낸다. 위원회가 사무를 수행할 몇몇 경험 있는 구성원들을 항상 배치하고, 신참자들은 그들로부터 전문지식을 배울 수 있도록 상호 교차되는 2년 임기를 가진다.[167] 의제와 의장을 주의 입법부에서 결정했던 시민선거개혁의회와 달리 스스로 결정한다. 배심원의 복무 기간을 두 달 남겨놓은 연장자들은 의장과 규칙위원회 위원으로 복무하며, 이를 종료한 연장자들은 일정 기간 동안 집행위원회에 복무할 한 명의 대표자를 지명한다.

　다만 여타 추첨에 관한 주장들이 선거권이 있는 모든 사람을 대상으로 하는 것과 달리, 스나이더는 평균적인 능숙함과 동기를 최대화하기 위해서 하나의 협소한 연령대, 구체적으로 퇴직자의 평균 연령대로 제한할 것을 주장한다. 그 역시 특정한 연령에 있는 누군가에 참여를 제한하는 것은 연령 치우침의 가능성이 있다는 것을 인식하나 관할에 있는 이슈들 대부분은 연령과 관련되지 않기 때문에, 연령 치우침의 형태가 큰 문제가 되지 않을 것으로 본다. 또한 배심원들은 의원들과 비슷한 수준의 의료 혜택들이 있는 정기적 보수를 받아야 한다고 주장한다. 보수는 미국 중간 계층 가정의 평균 수입이나, 각각 구성원이 은퇴하기 이전 또는 위원회에 복무할 적격 이전 최근 5년 동안 사회보장급여 세금

---

[167] 만일 위원회 규모가 480명이라면, 각 위원회 구성원 임기는 2년이고, 위원회는 12개의 동등한 규모의 클래스로 나누어진다. 그리고 각 클래스는 두 달 간격으로 교차되고 매 두 달마다 40명의 시민이 그들의 임기를 시작하고 끝낼 것이다.

의 평균 액수 둘 중 액수가 큰 것으로서 정할 수 있을 것이다. 다만 공식적, 공개적 절차 밖에서 로비스트와 미팅을 가질 경우 배심원의 자격이나 지위와 보상을 잃을 수 있으며, 뇌물을 받았던 배심원은 형사상 처벌을 받을 것이다. 비용을 낮추고 많은 참여를 이끌어 내기 위해서 모든 배심원들에게 고속 인터넷을 사용할 수 있도록 하여 공간에 구애받지 않고 언제나 참여가 허용도록 하는 것은 필수적이다.

2. 비상설 시민의회[168]

김상준(2009)은, 주권자의 직접적 의지는 비등하나 정부의 공공 정책 자체가 갈등의 원인 제공자인 경우가 늘고 국회가 직접 다루기 까다로운 미묘한 사안들이 점증하는 등 무기력을 노출하고 있지만, 대의 민주주의를 체제적으로 보완하는 체계적인 접근이나 제도적인 실험은 미미하다는 인식한다. 이러한 판단을 바탕으로, 유권자 인구의 통계적 대표성을 유의미하게 보장할 수 있는 규모로 무작위 선발한 시민의원단으로 구성되어 주요 공공 의제를 심의할 시민 심의기구인 시민의회를 헌법에 명문화할 것을 제안한다.

그는 전국 단위의 시민의회뿐만 아니라 지방 단위 시민의회 역시 제안하고 있는데 그중 전국 단위 시민의회의 작동 방식은 다음과 같다. 전 국민 사이에서 갈등의 소지가 매우 높을 것으로 예상되는 입안 단계의 법안, 국회에서 교착 상태에 이른 법안, 입법 시행되고 있으나 국민

의 반발이 심한 법안 등 국민 생활에 중장기적으로 심대한 영향을 끼치는 공공정책 심의를 위해서 국민, 대통령, 국회가 사안에 따라 소집(예컨대 유권자의 20분의 1이나 국회 과반수의 발의, 대통령의 발의)하고 사안에 대한 심의 결정을 완료하면 해산하는 것이다. 시민의회의 결정은 국회의원 과반수의 동의를 거쳐 입법하나, 국회는 시민의회의 결정에 대해 가부 표결을 할 뿐, 수정·보완 등 변경을 일절 할 수 없다. 이 입법에 대한 대통령 거부권이나 헌법재판소의 위헌 심판은 다른 법률과 같다. 상정 안건을 확정하면 시민의회 운영 기구는 전체 유권자 중에서 적정수(예컨대 200인 이상 300인 이하)의 시민심의의원을 무작위로 선발한다. 시민의원에게는 해당 시기 동안 한국의 평균 임금을 산정해 지급한다. 직무는 권리이자 의무이기도 하다. 수행할 수 없는 경우 운영 기구에 그 사정을 알려 소청할 수 있고, 운영 기구는 이를 심사한다. 운영 기구는 선발한 예비후보자 중 심의 사안에 대해 직접적이고 명백한 이해관계가 있거나 현저한 지능 장애가 있는 경우 등에는 이를 기피할 수 있다. 심사 결과 인정된 경우가 아님에도 시민의원의 직무를 수행하지 않을 때 적절한 벌칙(벌금이나 다른 권리의 일시적 유예 등)이 따른다.

각 회기 시민의원은 예비회의와 본회의를 통해 상정 의제를 검토, 심의, 결정한다. 시민의원단은 20여 명 단위의 분회로 조직한다. 매기 시민의회 의원 임기가 당회 1기에 그치는 반면, 운영 기구는 일정한 임기가 있는 상설 기구일 것이다. 이 운영 기구는 정부와 국회의 주요 기관이 임명직과 선출직을 적절히 배합해 구성하는 것이 바람직할 것이다. 운영 기구는 시민의원단에 해당 의제에 대한 정확한 심의 자료를 제공할 전문위원회를 구성한다. 심의 사항에 대한 결정은 초다수 의결(3분의 2나 5분의 4)에 의해 이루어진다. 기존의 3부를 보완하거나 완충하는 역할을 하는 것으로, 상임이 아니라 사안에 따라 구성되고 해산된다.

특히 시민의회를 선거가 아닌 추첨으로 구성해야 된다는 주장의 근거로, 정치적 이해관계에서 벗어나 무엇을 대표·대의하지 않는다는 자체가 최대한 자유로운 상태에서 공정하게 심의할 수 있는 공적 토론장의 기반을 마련해주기 때문이라고 제시한 점이 의미 있다.[169]

3. 추가 입법부 차원의 인민원[170]

올리어리(O'Leary 2006)는 대의제의 과두적 경향으로 발생하는 정치적 엘리트와 일반 유권자 사이에 존재하는 커다란 간격을 메우기 위해 대의제를 거부한다. 직접민주주의로 나아가는 대신 전통적인 타운홀과 인터넷을 결합하는 시민의회(the Assembly)[171] 개혁을 통한 대의제의 새로운 이해 형성을 제시한 것이다.

개혁의 1단계는 이라크전쟁, 지구온난화, 사회보장 개혁 등과 같은 국가가 직면한 주요 국내외 이슈들에 대한 심사숙고와 토론이다. 이를 위해 한 달에 두세 차례 만나는 지역 시민의회(assembly)를 만들어야 하는데, 이는 435명 하원의 각 선거구에서 추첨으로 시민 100명씩을 선택해 구성한다. 결국 435개의 지역 시민의회가 만들어지는 것이다. 비록 각 지역 시민의회들이 제공한 견해가 공식적인 권한을 갖지 않는 사문으로 엄격히 제한되지만, 전통적 여론조사보다 좀 더 여론에 근거하여 측정된

---

169 이를 위해 김상준은 롤스가 말하는 '무지의 베일', '원초적 상황'이라는 개념을 가져와 논의를 전개한다. 보다 자세한 내용은 김상준(2007, 166~9)을 참고하라.

170 아래 내용은 올리어리(2006)를 정리한 것이다. 이 책은 『민주주의 구하기』로 2014년 번역, 출판 되었다.

171 그는 국가 시스템을 이야기할 때는 'Assembly'를, 특정한 선거구에서의 지역 대리인들에 관해 이야기할 때는 'assembly'를 사용하였다.

것이기 때문에 선출직 공직자들이나 언론과 대중은 주의 깊게 볼 것이고, 전체적인 대중의 견해 형성에 도움이 될 것이다.

2단계는, 435개 지역 시민의회들의 국가적 네트워크인 인민원(People's House)을 구축하여 공식적 권한을 부여하는 것이다. 하원과 상원을 통과했던 중요 입법에 찬반 투표를 실시하여 반대표가 많다면 거부권을 행사하고 하원과 상원으로 의안을 돌려보내는 것을 허용한다. 또한 의회 해당 위원회에서 지금까지 묶어놓아 폐기될 운명인 의안들을 표결하도록 강요하는 것('gate-opening' power)을 허용한다. 다른 긍정적인 권한은 하원 또는 상원 어느 한쪽에 의안을 발의하는 권한, 하원 또는 상원에서 고려 중인 의안들에 개정을 제공하는 권한, 하원 또는 상원에서 다루는 전체적인 해결책들의 초안을 작성하는 권한 등을 부여받는다. 다만 과도한 복잡성을 피하기 위해서 의안에 관한 해당 위원회의 심의에는 포함되지 않는다.

요약하면 1단계에서 연방의회에 자문적인 시민의회를 더하고, 2단계에서 권한이 부여된 인민원을 국가적 입법 행위에 더함으로써 정부의 기존 3부는 그대로 두면서도 대의제의 다른 모습을 보여줄 수 있다는 것이다. 먼저 1단계를 자세히 살펴보면 다음과 같다. 모든 성인 시민들은 자동적으로 추첨 풀(lottery pool)에 포함되나, 원하지 않는 사람은 참여하지 않을 수 있다. 참여하고자 하는 대신 참여하지 않는 것을 허용하여, 잠재적 대리인들의 큰 풀을 보장할 수 있다. 선택된 사람들은 2년 단임으로 복무한다. 의제의 설정, 관리, 조정 기능을 위해서 국가 운영위원회(Steering Committee)를 두는데, 그 구성원은 2년 임기 말에 각 지역 시민의회가 한 명씩 지명한 435명을 대상으로 추첨을 통해 그중 100명을 선택한다. 그들의 아마추어 신분에 대한 고려와 시간 절약 차원에서, 의회의 전문적 정치인들에게 국가 운영위원회의 입법 행위 활동을 남겨둘 것이다. 이는 단지 참여율을 높이기 위함이 아니라 공적 결정들을 증진시키려는 목적이 좀 더 근본적인 이유이다. 물론 오직 몇몇의 사람만이 복무할 것이나 추첨에 참여할 기회는 모든 사람에게 열려 있다. 더 중요한 것은 대리인으로 실제 참여하는 사람들의 수가 적다고 하더라도, 연방정부에서 느꼈던 분리의 정도가 근본적으로 줄어들 것이라는 점이다. 지금처럼 평균 선거구 유권자가 65만 명에 이를 때는 일반 시민들이 그들의 하원의원을 만나거나 알 가능성이 보잘 것 없다. 하지만 6,500명당 1명으로 구성되는 지역 시민의회에서는 대리인을 실제로 아는 것은 기하급수적으로 증가하기 때문에, 정치적 엘리트들과 일반 시민 사이에 단절된 민주주의를 연결할 수 있다.

1단계의 지역 시민의회가 성공적일 경우 심의민주주의 차원에서 권한을 부여하는 2단계로 나아갈 수 있다. 인민원에서는 연방 입법 행위에 실질적인 투표권을 가지는 미국 시민의 수가 현재 535명(100명의 상원의원과 435명의 하원의원)에서 거의 4만5,000명(정확하게 4만4,035명)의 보다 큰 횡단면(cross-section)으로 확장될 것이다. 이러한 새로운 다원제 입법부에서도 기존 양원은 그대로 존속하며, 4만3,500명 대리인들로 구성된 인민원은 435개의 의회 선거구 각각에서 실질적으로 만나고 인터넷 공간에서 가상적으로 만나게 된다. 구체적인 직무들에 초점을 맞출 수 있는 보다 삭은 그룹들로 나눌 수 있으며, 지역 시민의회와 마찬가지로, 인민원의 구성원들은 한 달에 두세 차례 만날 것이다. 4만 5,000명의 각 지역 대리인들은 전체로는 인민원으로 활동하며 상하원에도 전자적으로 연결되어 있을 것이다. 인민원에서도 지역 시민의회의 국가 운영위원회처럼, 각 지역 시민의회에서 비밀투표로 지명한 435명을 대상으로 추첨을 통해 50인을 선발하여 운영위원회(2년 단임으로 매년 25명씩 교체)를 구성한다. 그리고 고대 아테네의 500인 평의회와 유사한 기능을 부여하여, 국가에 영향을 미치는 가장 중요한 법안과 이슈를 선정하도록 함으로써 직업과 가족이 있는 바쁜 인민원 구성원들이 시간을 허비하지 않도록 한다. 100명의 단일한 지역 시민의회에서 토론을 위한 보다 작은 그룹을 만들었던 것처럼, 435개의 지역 시민의회들로 구성된 국가 시스템인 인민원 역시 커뮤니케이션과 토론이 가능하도록 하기 위해서 보다 작은 단위로 나누어질 것이다. 즉 6개의 지역별 그룹으로 나누어 나머지 다섯 개의 그룹에 속한 각 지역 시민의회와 무작위로 연결시킴으로써 모인 사람들의 여러 다양성이 미국을 이해하는 데 도움을 줄 것이다. 국가 시민의회인 인민원에서 복무 경험은 사람들로 하여금 그들의 지평을 확장하고 다양한 시각으로 문제를 볼 수 있도록 만들 것이다.[172]

올리어리는 시민의회 구성원의 선택 방법으로 추첨[173]이 좋은 이유 다섯 가지를 제시했다. 첫째는 특정 파벌이나 이익집단이 지역 시민의회 자리를 다수 차지하는 일을 막을 수 있다. 둘째는 선거 방식일 경우 선거운동에 나서기를 꺼려 불참하는 사람들도 추첨 방식에는 참여할 수 있다. 셋째는 선거구를 6,500명으로 구성된 구(區, ward)로 나누어 그 구 안에서 추첨하기 때문에, 우리들 중 한 명인 대리인은 개인으로서 생각

---

[172] 아래에서 설명할 레이브(Leib)의 제4부 모델에 대해서, 첫째로 500명이라는 매우 적은 시민들의 참여, 둘째로 의무적인 참여, 셋째로 매우 적은 수의 참여를 이유로 들어 로비 압력에 심의결과(?) 왜곡될 소지가 큼을 들어 비판하고 있다.

[173] 올리어리는 무작위 샘플(random sample)에 의한 선택과 추첨(lottery)을 구별하여 사용한다. 전자는 적격이 있는 모든 시민을 대상으로 무작위 선택한 후 참가 여부를 확인하는 방식으로, 후자는 배제되기를 요청하지 않는 모든 시민들이 자동적으로 추첨 풀에 들어가고 이들 중 추첨하는 방식으로 이해하면서, 대부분 사회과학자들이 무작위 선택을 주장하는 것은 통계학적 대표를 보다 더 확보할 수 있다고 보기 때문이다. 그러나 이 경우 강제적 서비스일 필요가 제기된다는 점을 지적한다. 그가 말하는 추첨 풀은 비록 정확한 통계적 대표가 아닐지라도 대략적으로 근사일 것이며 무엇보다도 그렇게 선택한 사람이 보다 진지하게 책임감을 가질 것으로 본다.

하고 행동하기보다 우리가 믿고 생각하는 것이 무엇인지를 말하기 위해서 최선을 다할 것이다. 마지막으로, 미국은 이미 사법 배심원에서 추첨 제도를 사용하고 있어 국민에게 익숙하다는 점을 제시한다. 또한 엘리트 대의제에 순순한 민주적 요소를 더할 것이다. 대의제는 증폭되는 과두적 차원을 갖기 때문에 돈과 권력, 능력주의의 과두제에 견제가 필요하다. 이 점에서 지역 시민의회를 위한 선택 수단으로 추첨은, 현대 정치·경제에서 부와 특권이 인정하는 이점들에 맞서는 것을 도울 수 있을 것이다. 추첨은 이와 함께 인민원에서(오직 몇몇 사람만이 선택될 것이나) 모든 사람이 선택될 수 있는 동등한 가능성을 가지기 때문에, 가장 중요한 민주적 권리이다. 정책결정에 참여할 동등한 권리와, 만약 시민의회 대리인으로서 선택된다면 인민원에서 말할 수 있는 동등한 권리를 보장한다. 추첨에 의해서 선택된 하나의 국가 시민의회는 국가 차원의 우선순위 논쟁에 목소리를 가지는 미국인들의 진정한 횡단을, 그리고 참여를 허용할 것이다.

아래로의 대표 확장과 의사결정 과정에 사람들을 더 포괄적으로 포함하는 개혁은, 심사숙고하고 사려 깊은 방식을 통한 참여를 보장함으로써 대중의 목소리 제공, 다수의 다양한 시민을 포함한 그룹을 형성하여 분별 있는 해결책을 막는 특수 이익집단의 과도한 영향력 억제, 대중적 의안들에 표결을 강제화하는 인민원의 기능을 통한 입법 속도 촉진이라는 세 가지 구체적이고 중요한 방식으로 미국 정치를 강화할 것이다.

결론적으로 이러한 제도적 개혁은 현재 시스템에 대의제 차원의 심의민주주의를 접목하여 "시민들이 만나고, 논의하고, 결정하고 다시 만나는" 것을 가능하게 할 것이며 이것이 인민주권의 현대적 아이디어를 증진시키며 적극적인 민주주의라고 주장한다.

4. 제4부로서 시민의회

1) 레이브의 대중부[174]

레이브(Leib 2004)는, 현재의 민주주의는 충분히 심의적이지 않으며 시민들이 의사결정으로부터 매우 떨어져 있어 정당성 결핍으로 고통을 겪고 있다고 파악한다. 그러나 참여민주주의 주창자들은 어떻게 대중적 심의가 실질적으로 제도화될 수 있는지 어떠한 관심도 갖지 않는다고 비판하면서, 심의가 정당성에 기여한다는 심의민주주의 열망에 일치할 정치적 제도에 대한 하나의 개혁 제안으로 제도적 개편을 고무하는 해결책을 제시한다.

즉 오늘날 존재하는 국민투표와 주민발안 제도를 완전히 대체하는, 525명의 무작위로 선택된 시민배심원들로 정부(연방정부뿐만 아니라 주정부까지)의 제4부인 '대중부(popular branch)'를 기존 행정, 입법, 사법 3부에 추가할 것을 제안한다. 이를 통해 좀 더 인구통계학적으로 진정성이 있으면서도 각 개인들이 다양한 토론과 정책 형성의 논쟁 구조를 구성함으로써 정치 조직의 정당성을 부여할 수 있다는 주장이다. 또한 대중 의지의 피신탁인으로 알려진 기존 3부와 실제 대중 의지의 간격을 메움으로써 여론과 일치하는 공공 정책이 만들어질 것이라고 보는데, 이것은 '인민의'(of the people)라는 정치적 허구를 진정한 위력을 지닌 유형적 대중 주권으로 바꿀 수 있다고 본다. 제4부는 배심원 의무처럼 강제적인 것이 될 것이며, 이처럼 강제적인 의무인 까닭은 대표 샘플을 얻기 위해 요구되는데 이는 제4부가 결정을 할 때, 단지 여론(popular opinion)

---

174 다음 내용은 Leib(2004)를 정리한 것이다.

이 아니라 대중 의지(popular will)의 반영이라는 것을 확실하게 하기 위해서다. 이를 위해서 투표에 자격이 있는 모든 사람이 적격이 되도록 영어를 말하지 못하는 시민을 위한 번역 서비스 제공, 상당한 봉급과 여행경비들을 제공해야 할 것이다. 그는 여타 무작위로 선택하는 시민참여 주장이 사법배심원제에서 그 아이디어를 채택했음에도 배심원처럼 강제적인 특징을 부여하지 않고 있는 점을 제기한다. 완전히 정당하고 민주적 결과들을 달성하기 위해서, 그리고 공동체의 공정한 횡단이라는 대표성과 공정성을 확보하기 위해서는, 심의에 참여하는 데 흥미가 없다고 주장하는 사람들뿐만 아니라 그들 자신을 위해 말하기를 원하지 않는 경향을 가진 사람들조차 포함해야 하는 것이라고 지적한다.

참여자 선택은 층화추출로 이루어지며 특히 지리적으로 층화된 무작위 샘플이 가장 명백한 내용 중립적이고 관점 중립적이라고 본다. 진정한 의미의 담화를 위해서 525명은 15명으로 된 35개 그룹으로 나누어진다. 무작위 시민들은 며칠 동안에 걸쳐 정치적 관심사들(예를 들면, 동성애자 결혼, 마약 입법 또는 장기이식을 위한 가정된 동의)을 결정하기 위해서 한 그룹으로 구성될 것이다. 다룰 의제 설정은, 한 원(院)의 단순다수 결과 함께 다른 원의 초다수가 재결을 위해 제4부로 보내는 방식의 낮은 수준의 직접 민주주의적인 경로와, 관련 있는 투표자 10%의 동의에 의해 세출되는 직접 민주적 경보도 가능하다. 심의가 핵심이지만 단지 심의로 끝나는 것이 아니라 하나의 결론을 위해 종합하는 절차를 가지며 보통 초다수를 필요로 하는 간략한 메커니즘이 적용된다. 3분의 2가 찬성투표를 하면 통과될 것이고, 만약 5분의 3을 획득하면 수정안이 제출될 수 있다. 주민 10% 이상 동의로 제출된 의제의 경우 한 번 부결되면 3년 동안 다시 제출되지 못하지만, 입법부나 사법부는 유사한 의제를 제기할 수 있고 이 경우도 부결되면 3년 동안 다시 제출되지 못한다. 제

4부로부터 수용을 획득한 법은 대통령(또는 주지사)의 서명이 필요하며, 적절한 초다수를 갖고 행정부와 입법부는 제4부의 결정을 거부할 수 있다. 심의민주주의 비평가들이 강조하는 '시민들은 기회가 주어지더라도 거의 모르고 전문가들을 따르거나 또는 단지 서로서로 비생산적으로 고함을 지르기 쉽다는 것'은 가부장주의적 변명밖에 되지 않는다. 피시킨(Fishkin, J. S.)의 공론조사에서 이러한 경향을 줄이기 위해 공정함과 불편부당함을 가진 사회자들을 채택하는 것처럼, 연방 판사들을 채용하며 사회자로 채택할 것을 제안한다.

이러한 제안의 가정은 '시민이 그들 자신이 만든 법의 주체로 불릴 수 있어야 한다'는 칸트 철학의 주장에서 비롯되었다. 또한 면 대 면(face-to-face) 민주주의는 전자민주주의가 결코 제공할 수 없는 혜택들을 가진다는 것이다. 또한 돈, 전문 지식, 이익집단들에 의해서 왜곡되지 않는 주제와 관련되어 구체적인 방식으로 국민이 그들 자신의 목소리를 낼 수 있어야 하며, 심의는 왜곡들에 대한 대응이기 때문에 심의부로서 기능하는 제4부가 필요하다고 전제한다. 제4부에는 기본적인 행정 운영을 위해서 정당뿐 아니라 무소속으로부터도 대표자를 갖는 위원회가 존재해야 한다. 국가뿐만 아니라 주, 시 시스템을 위해서도 이 제안은 가능하며, 국가 차원에서 채택하기 전에 주들과 지방자치단체들은 '민주적 실험'을 할 수 있다.

제4부는 단지 정당성 결핍을 개선할 뿐만 아니라 또한 정치에 돈과 관련된 문제, 정치적 소외, 정치적 무관심, 권력 분립으로 입법 교착상태, 대중민주주의에서 개인주의의 병리학들을 완화하는 것을 도울 수 있다. 그렇지만 대의제와 기존 3부의 권력분립은 존중해야 한다. 이는 모든 시민이 법 제정에서 전문 지식을 얻을 것으로 예상되지 않고 그들이 그것을 하기 위해 많은 시간을 투자하는 것은 바람직하지 않기 때문이며, 그

리고 국민투표가 과거에 자유를 제한하는 결과를 낳았던 것처럼, 제4부가 몇몇 나쁜 결정들을 만들 것을 합법적으로 두려워하기 때문이다. 대중적 통치와 전제적인 다수의 회피가 함께 시도되어야 하는 것이다. 즉 이 개혁 제안은 진정한 변화는 필요하지만 현재 시스템의 급진적인 전복의 형태를 취하지는 않는다.

2) 오현철의 제4부[175]

김상준은 기존 3부의 기능을 '보완·완충'하는 수준의 비상설적인 시민의회를 제안한다. 이와 달리 오현철(2007)은 대의민주주의의 한계를 근본적으로 극복하기 위해 더 급진적인 대안으로 층화 무작위 선발(stratified random sampling)된 대표들로 구성되는, 일종의 최고 권력기관으로 상설 시민의회를 제안한다.

그는 근대적 대의정치의 실질적 창안자들이 국민이 정치에 직접적으로 참여하는 것을 두려워했기 때문에, 대의정치체제에서는 처음부터 국민주권 이념이 실종되었으며, 결국 국민주권은 몇 년에 한 번씩 치러지는 선거에서만 형식적으로 확인될 뿐이라고 한다. 모든 정책 결정과 판단은 입법부·행정부·사법부의 대리인들이 전담하고 있으며, 정치인·언론인·선거전문가 등이 선거와 여론조작으로 의제를 설정하고 결정을 내리는 실정이라고 비판한다. 특히 지금처럼 국민으로부터 선출되지 않아 민주적 대표성이 상대적으로 낮은 사법부가 입법부·행정부의 정치 행위를 비롯하여 많은 문제들의 정당성을 판결하는 상황에서는, 시민은 자신들의 삶에 중요한 도덕적 질문과 결정에 개입할 수 있는 기회

---

175 아래 내용은 오현철(2007, 293~313)을 정리한 것이다.

와 그에 따른 책임을 박탈당하고 있다는 것이다. 자기 통제를 훈련할 기회도 상실하게 되어 결과적으로 시민들이 참여하지 못한 상태에서 내려진 결정은 정치적 균형과 정당성을 상실하게 된다고 한다. 그러면서 한편으로 국민투표, 국민발의, 국민소환 등이 대표적인 직접민주주의 방식에 대해서는 민주적 정책 결정을 의미 있게 만드는 데 필수적인 심의 과정을 경시하기 때문에 그 대안은 공적 토론을 기반으로 한 심의민주주의를 제도화할 것을 주장한다.

따라서 오현철은 헌법재판소를 대체하여 국민들이 주권적 결정 사안을 직접적·최종적으로 결정하는 시민의회를 제안한다. 시민의회에 대한 그의 제안 핵심과 장점은 다음과 같다. 첫째, 입법부·사법부·행정부와 더불어 제4부의 성격으로, 국민주권을 실현하는 최고 기구로서 자리매김해야 한다. 시민의회는 국가기구 대리인의 임면을 규정하고 국가기구 간 권력 충돌을 조정하는 최고 권력기구, 인권보호와 신장을 꾀하는 인권의 최고 보호기구, 헌법 해석에 관한 최고 평결기구, 주요 외교정책을 결정하는 최고 결정기구이다. 최고의 대표성을 지니는 헌법적 최고 결정기구여야 한다. 따라서 기존 3부는 시민의회의 헌법적 판단을 제도적으로 조정하여 일상적 정책 결정과 법률의 판단을 담당하게 되기 때문에 국민주권 원리에 부합하는 대표체계가 된다. 둘째, 생활세계와 시민사회에서 이루어지 의사소통을 직접 반영하기 위해 지역·성·계급·연령 등을 그대로 반영하도록, 즉 '유사성의 원칙'에 부합하도록 대표들을 계층별 무작위 선발한다. 임기는 1년으로 누구나 평생에 한 번만 재직 가능케 하여 가능한 한 많은 사람들이 참여할 수 있도록 하며, 재직 기간 동안 보수를 지급하여 빈곤한 사람도 부담 없이 임무를 담당할 수 있도록 한다. 이때 대표들은 의회 활동에서 완전하게 자유 위임된 상태에서 활동하지만, 대표들 스스로가 피지배자이기 때문에 강제 위임 방식이 의도했던 효과, 즉 대표자가 피지배자의 명령에 자연스럽게 귀속되는 효과를 얻을 수 있다. 이와 함께 하나의 결정이 정당성을 획득하기 위해서는 특수한 입장만을 반영해서는 안 되며 보편성을 담보해야 한다는 점에서 계층별 무작위 선발된 대표는 여러 특수한 입장들이 열린 공간에서 서로 논증하는 과정을 거쳐 타당한 논증이 선별되는 기반이 된다. 셋째, 시민의회에서 결정할 사안을 개략적으로 말하면, 국가기구 간의 권력 분할과 갈등 해결에 관련된 사항(대통령 탄핵, 국가기관 간 중앙·지방정부 간 권한분쟁 등), 기본권의 준수 및 확장에 관련된 사항, 위헌심판 청구와 헌법소원 등 헌법 이념의 구현에 관한 사항, 국군의 해외 파견과 전쟁 수행에 관한 사항, 국가기구를 통치하는 대리인들(대통령, 의원 등)의 선출 방식과 임면에 관한 사항 등이다. 독자적인 헌법 개정안 제출 권한과 행정부·입법부에 대한 권고안을 제출할 수 있는 권한은 보유할 수 있다. 넷째, 의사 결정에서 공개성·심의성·소통성을 원칙으로 한다. 공개성의 원칙은 심의가 공적 성격을 유지해야 하므로, 모든 심의 내용과 표결 결과는 완전히 공개하는 것을 의미한다. 그리고 심의성의 원칙은 모든 사안이 반드시 공개 토론에 의해서만 그리고 그에 따른 표결에 의해서만 결정되는 것을 의미하며, 소통성의 원칙은 시민의회의 토론이 시민사회 및 생활세계와 긴밀히 상호작용해야 함을 의미한다. 즉 시민의회의 토론은 시민사회와 생활세계의 비판과 감시 및 의견 개진에 열려 있다. 의원들을 무작위 소그룹으로 나누어 토론을 하고, 전체 회의에서 다수결 비밀투표로 결정하는데, 중요한 안건은 절대다수의 가결을 요구한다. 다섯째, 시민의회 결정의 효력은 영원하지 않다. 판단의 무오류성을 가정하지 않고, 사회 변화에 능동적으로 대처하기 위하여 5~10년 후에 재심을 요구할 수 있다. 시민의회가 스스로 결정할 수 없는 사항이라고 판단한 안건은 '다선택 포맷 방식의 국민투표'[176](바버 1992, 415)에 회부한다.

5. 양원제 중 한 원을 추첨시민의회로 대체

양원제 중 하나의 원을 추첨시민의회로 대체하자는 것으로 영국 상원 대체(Barnett & Carty 〔1998〕 2008), 영국 하원 대체(Sutherland〔2004〕 2008), 미국 하원 대체(Callenbach & Phillips 〔1985〕2008)[177] 제안이 있다.[178] 먼저 바넷과 카티는 통치하는 자와 받는 자 사이의 격차를 줄일 수 있고, 시민들이 민주적인 정부 절차에 참가할 수 있는 역량을 실질적이고 효과적으로 증가할 수 있다는 인식에서, 1999년 왕립상원개편위원회(the Royal Commission on the Reform of the House of Lords)에 상원 개혁 차

---

[176] 전통적인 '예/아니오' 선택 대신, 다양하고 면밀한 선택들을 제공받는 방식이다. 선택의 범위에는 '원칙적으로 예-그 제안을 강력하게 지지한다', '원칙적으로 예-그러나 최우선적인 것은 아니다', '원칙적으로 아니오-제안을 강력하게 반대한다', '이 공식에 관한 한 아니오-그러나 원칙적으로 이 제안에 반대하지 않는다. 재공식화와 재제출을 주장한다.', '당분간은 아니오-반드시 반대하지는 않지만 연기를 주장한다' 등이 포함될 것이다. 이러한 방식은 스위스 동부 라에티아 공화국의 경험에서 도출된다(바버 1992, 415).

[177] 이 책은 이지문과 손우정이 공동으로 번역하여 2011년 6월 『추첨 민주주의』로 출판되었다.

[178] 헬드(Held)는 Models of Democracy 1987년 초판에서 민주적 자율성이 부여되는 모델에서 의회 또는 대의제 구조는 각각 비례대표제의 형태에 근거한 대표자 선출 방식과 '통계적 대표제'(statistical representation)에 근거하여 선택된 대표자들(즉 성과 인종을 포함하는 주요 사회 범주의 통계적 대표인 사람들의 표본)로 구성된다고 기술하였으나(이정식 번역본 1993, 323~324) 2006년 3판에서는 의회 구조는 비례대표 방식에 근거한 대표 선출 방식에 기초한 양원으로 조직된다고 수정하였다(박찬표 번역본 2010, 526). 그러나 초판에서나 3판에서나 추가 설명이 없었기 때문에 추첨에 대한 그의 견해는 확실치 않다.

원에서 추첨시민의회를 제안한다. 진정한 대표성을 확보하기 위해서 추첨 시 성평등과 지역 공정성을 확고히 하는 것을 원칙으로 한다. 추첨 방법은 각 지역에서 선거인명부를 통해 1,000명 정도를 무작위로 선택한 후 본인의 의사를 확인한 뒤 동의한 사람에 한해서 남성, 여성을 50%씩 선택하는 방식이다. 관심이 없거나 너무 바쁜 사람은 거부할 권리를 가진다. 시민의회 구성원은 총 600명으로, 훈련 기간 후 4년 임기를 수행하며, 임기마다 전체 교체되는 것이 아니라 매년 4분의 1인 150명씩 새로 충원하는 방식이다.

다음으로 서덜랜드는, 선거로 선출된 자들은 직업적 배경의 다양성이 거의 사라져버려 '정밀하게 그려진 축소판'(exact portrait, in miniature)으로서 나라를 대변하지 못하고 있다고 지적한다. 그들은 정치 계급으로 전락하여 선거구민을 대의(represent)하기보다는 선거구민들에게 자기 정당을 단지 제시(represent)하고 있다면서 영국 하원을 추첨으로 구성하자고 제안한다.[179] 선택 메커니즘은 배심원 선택에 쓰이는 무작위 원칙과 유사하되 또한 배제 원칙(정신 무능력, 형사 유죄 판결, 연령 제한 등)도 적용한 후 선거인명부에서 무작위로 선택한다. 복잡한 입법 문제에 대해서 투표해야 하는 점을 고려하여 '정치 능력 시험'이나 최소한의 IQ 수준 도입을 고려할 필요가 있으며, 만일 IQ 기준이 논쟁의 소지가 있다면 또 다른 내안으로 최소 학력 수준을 제시한다. 복무를 강제화하는 것은 거부한다. 임기에서는 기존 추첨시민의회 주장과 달리 인생

---

[179] 그의 2008년 A People's Parliament는 The Party's over(2004)를 수정한 것이다. 2004년판에서는 정당 민주주의 시스템은 낡았고 아테네 민주주의에서 나온 배심원 방식의 대의제로 대체되어야 한다고 주장하였다. 하지만 2008년판에서는 그 중심 논지에서는 변화가 없으나, 다만 기술적 대의(記述的 代議)는 정치적 배심제로 가능하지만 이해관계의 대의를 위해서 여전히 정당의 현재적인 필요성을 인정한다는 내용을 포함한다.

경험으로 젊은이들보다 의회 방식에 익숙해질 필요가 있기 때문에 상대적으로 높은 연령 제한(최소 40세, 최고 60세)을 두고 정년퇴임(65세)할 때까지 근무하게 할 것을 제시한다. 이와 함께 다른 대안으로 배심원 봉사와 마찬가지로 일생에 한 번이나 두 번 하는 공적인 의무 역시 고려할 수 있다고 제안한다.

    칼렌바크와 필립스는 미국 하원을 추첨시민의회로 대체할 것을 주장하면서 가장 큰 장점으로 '국민을 있는 그대로 반영하는 의회'를, 즉 기술적 대표성을 제시하고 있다. 즉, 미국의 4대 대통령 매디슨(Madison)의 "의회는 사회 전체의 가장 정확한 재현(transcript)이 되어야만 한다"[180]와 2대 대통령 애덤스(Adams)의 "국민의 정확한 초상화, 축소판이 되어야만 한다"[181]라는 헌법제정회의 구성원들의 이상을, 과학적인 통계 수단을 활용한 대표자들의 무작위 선택으로 수행할 수 있다고 제안한다. 이 기관은 3년 임기가 중첩되어 교대되므로 연속과 안정성을 줄 수 있으며, 양원 모두 지금처럼 의안을 제안하며 대통령의 거부권 역시 존속한다. 다만 지금처럼 25세 이하 연령 제한, 죄수, 정신병동 수용자들, 비시민권 거주자들은 배제될 수 있으며, 이러한 방식의 도입이 당장 헌법 수정으로 이어지기에는 현실적 어려움이 존재하는 것을 인정하면서 주 수준에서 시작할 것을 제안한다.

---

180 이 문구는 1787년 헌법제정회의의 논쟁 기록 중 6월 6일 수요일 내용을 제임스 매디슨이 정리한 자료이다.
    (Notes of Debates in the Federal Convention of 1787, by James Madison Wednesday, June 6.) 당시 논쟁의 원문은 http://teachingamericanhistory.org/convention/debates/0606.html을 참조하라.
181 원문에서 'exact portrait in miniature'라고 적고 있다. 출처는 John Adams, Thoughts on Government (1776)in C. F. Adams (ed.), The Life and Works of John Adams, 10 vols. (Boston : Little Brown, 1850~6), vol. IV, p. 195.

6. 단원제에서 양원제 전환 시 추첨시민의회 도입

단원제에서 양원제로 전환하면서 추첨으로 구성한 원을 추가하자는 제안 역시 찾아 볼 수 있다. 대표적인 것이 기존 덴마크 의회에 '미니 덴마크(mini Denmark)'라고 불리는 전자 상원(1년 임기) 7만 명을 추첨을 통해 구성하자는 슈미트(Schmidt 2001)의 제안이다. 7만 명인 이유는 평균 수명을 고려했을 때 일생에 한 번이라도 참여할 수 있는 기회를 제공하기 위해서다. 이와 함께 단원제인 유럽연합의회에 추첨원(House of Lots) 제안을 담고 있는 연구도 있다(Buchstein & Hein 2010). 이 제안은 일국 수준에서의 추첨시민의회 제안과 달리 초국가기구에서 논의라는 점에서 향후 지구촌 민주주의 차원에서 참고할 수 있다는 데에 의의가 있다. 체감적 비례 원칙에 따라 200명으로 구성될 것이며[182], 현재 의원들의 5년 임기에 맞춰 매 2년 반 임기마다 선택되며 일생에 단 한 번 선임될 수 있다. 자발적인 모델은 정치적 활동가들의 과다대표를 이끌 수 있기 때문에 추첨에 참여하는 것은 의무적이어야 하며, 의무를 거부할 정당한 이유는 협소하게 정의해야 할 것이다. 그 결과 유럽연합 시민들의 통계적인 대표 샘플을 획득할 수 있게 된다.

---

[182] 현재 유럽의회는 모두 750명으로 구성되며 각국의 인구를 감안하여 독일(96명)부터 몰타(6명) 등에 이르기까지 배분된다. 추첨원은 모두 200명으로 구성할 것을 제안하며 역시 독일(26명)부터 몰타(2명) 등으로 배분되지만 기존 의회보다 좀 더 체감적 비례를 달성한다고 본다. 보다 자세한 배분 기준은 Buchstein & Hein(2010, 154~155)을 참조하라.

7. 기존 선거의회를 대체하는 추첨시민의회

손우정의 발제문(2008)과 이지문의 박사학위논문(2011)에서는 기존 선거의회를 추첨시민의회로 대체하자고 주장한다. 손우정은 대의체제 자체를 국민의 축소판으로 만들어 그 어떤 대의구조보다 훨씬 큰 민주성을 담보하는 공론장 창출을 제안하면서 의회 권력을 추첨제로 대체할 것을 제안한다. 다만 추첨이 모든 선거 권력을 대체하는 것이 아니라, 민주주의 제도의 여백을 리더십을 통해 채우기 위해서 선거를 통한 행정수반 선출과 병행되는 것이다. 때문에 정당이 존속하며, 정당은 대의원에 자기 정당의 정책을 호소하고 설득하기 위한 정치 활동을 계속 전개한다. 대의원 규모는 500~1,000명 선이 되며, 임기는 1년에서 3년 정도이다. 또한 한 번 선출된 대의원은 동일 기구의 대의원 추첨에서 제외하나 기초, 광역, 국가 단위 대의원직은 각각 한 번씩 가능하다. 다만 참여하지 않을 권리가 주어지지 않은 정치참여는 권리가 아닌 강제일 뿐이라는 점을 고려하여 선출을 거부할 권리 또한 보장해야 한다. 충분한 연구와 국민적 합의가 이루어지지 않은 상황을 고려하여 정당을 비롯한 자발적 결사체 등에서의 선도입을 통해서 추첨제에 대한 문제점을 확인하고 수정·보완함으로써 가장 적절한 구현 방안을 모색하자는 접근을 제시한다. 비록 토론회 발표문이지만 추첨을 통한 의회 권력 창출을 궁극적으로 제시하고 있다는 점에서 의의가 있다.

이지문(2011)은 현 단원제하에 '입법부 창출 차원에서 추첨시민의회 전면 도입'을 제안한다. 그러나 단순히 선거로 선출되는 의원들을 추첨으로 대체하자는 차원이 아니다. 기존 추첨시민의회 주장과 다른 독창적인 부분은 추첨으로 의원 개인뿐만 아니라 의원 1명당 일정 수의 시민의원을 결합하는 시민의원단을 구성하는 것이다. 이는 의원 1인씩 국회

299명, 지방의원 3649명을 추첨으로 선발하는 것은 4200만 명이 넘는 유권자 중에서 너무 적은 수이어서 추첨이 갖는 장점이 발휘될 수 없기 때문이다. 추첨으로 대체되더라도 권한에 있어서는 현 의회와 기본적으로 동일하며 다만 국회, 광역의회, 기초의회 시민의원단의 전국 네트워크를 활용하여 직접민주주의적 기제인 국민(주민)투표, 국민(주민)소환, 국민(주민)발안의 현실적 적용을 고려함으로써 직접민주주의 실험을 시도해볼 수 있다고 제안한다.[183]

---

[183] 구성 방식 등 보다 자세한 논의는 이지문(2012, 352~406)을 참조하라. 이지문 (2012, 406~414)은 추첨을 통한 입법부 전면 대체를 주장하면서 현실적 접근으로 양원제 개헌 시 한 원을 추첨원으로 구성, 지방의회의 비례대표를 추첨으로 대체 등을 함께 제안하고 있다.

5장

한국에서 적용 가능한
추첨시민의회 제안

앞서 살펴본 것처럼 의회의 새로운 구성에서부터 기존 의회를 대체하는 추첨시민의회 주장까지 다양한 제안들이 있으나 현실적으로 고려할 수 있는 추첨시민의회 방식은 외국 사례처럼 선거제도 개혁이나 헌법 개정 차원에서 활용일 것이다. 또한 김상준 교수가 제안하는 특정 이슈가 있을 때 소집되었다가 해산하는 비상설 시민의회 역시 충분히 도입을 고려할 수 있다. 이와 함께 개헌 시 양원제를 도입한다면 한 원을 추첨시민의회 방식으로 구성하는 것을 적극적으로 검토할 필요가 있을 것이다. 비상설 시민의회 방식은 앞서 소개한 김상준 교수의 방안을 활용하면 되기 때문에 이 장에서는 따로 설명을 하지 않는다.

1. 선거제도개혁시민의회[184]

1년 임기의 선거제도개혁시민의회는 추첨을 통해 일정 수(300명 정도)[185]로 구성한다. 국회 정치개혁특별위원회의 경우 의석수에 비례하여 위원이 선임되기 때문에 소수당의 목소리보다 원내 1당과 2당 등 다수

---

[184] 김의영·이지문(2015) 제안 내용을 이 책에 맞게 수정하였다.
[185] 규모는 탄력적으로 조정할 수 있을 것이다.

당의 입장이 절대적으로 반영된다. 그렇기 때문에 기득권 유지의 수단이 되고 있다는 비판이 존재하며 그 연장선상에서 1, 2당의 입장이 첨예하게 갈리는 선거제도, 선거구획정 등에 있어서는 정쟁의 장(場)이 되어 선거 직전까지 합의가 되지 않는 폐단이 발생하고 있다. 설령 합의가 된다고 하더라도 선거 직전에 확정되어 선거를 준비하는 후보자들뿐만 아니라 유권자 역시 혼란을 가중시키고 있다. 이처럼 선거제도, 선거구획정 관련 정치개혁특위의 활동이 여야 간 정쟁의 대상으로 언론에 비쳐짐으로써 국민의 국회 불신, 나아가 정치 불신을 심화시키고 있으며 그 결과 투표 불참 등 정치참여에 소극적이거나 부정적인 이유가 되고 있다.

상기 문제점을 해소할 수 있도록 정치개혁특위를 대신하거나 보완할 수 있는 제도적 장치를 강구함으로써 국민의 신뢰를 이끌어낼 필요가 있다. 선거구획정위원회에 민간위원 참여나 정치개혁특위에 전문가 자문 등 정치개혁특위 활동을 보완하는 역할을 하는 제도가 마련되어 있지만, 구속력이 떨어질 뿐만 아니라 위원 역시 정당 추천 방식이기 때문에 추천한 정당의 입장을 반영할 가능성이 높다. 따라서 정당이나 의원들의 이해관계가 걸리는 선거제도 등 관련 입법 시 시민들의 목소리를 반영할 수 있는 시민의회 도입을 통해 상기 문제를 해결할 수 있다. 1년 임기의 시민의회지만 추첨으로 선택된 시민만이 참여해서 심의하여 결정하며 결정 사항에 대해서 국회 본회의로 바로 상정한다. 이때 선거일 1년 전 선거구 및 선거제도가 확정될 수 있도록 함으로써 선거에 대한 예측 가능성을 높이고 정치 불신을 완화시킬 수 있을 것이며, 지금처럼 정당들의 밀실 거래나 기득권 고수 차원의 추진을 일정 정도 저지할 수 있을 것이다.

이와 함께 국회에서 이해상충과 관련한 위원회 도입 차원에서 활용할 수 있다. 입법권이 국회에 있다 하더라도 선거구나 정치자금법, 의원

정수, 선거제도 등 의원들의 이해상충과 직결되는 사안에 대해서 현행처럼 국회에 전적으로 맡기는 것은 문제가 있다. 스나이더는 단지 선거제도뿐만 아니라 선거구 조정, 투명성 등 의원들의 이해상충을 가지는 이슈까지 확장해서 심의하고 결정하는 의회 내 상임위원회 차원의 위원회를 제안한 바 있다. 특히 외부 인사들로 구성된 독립 기구의 경우도 의회나 정당에서 선택한 사람들이기 때문에 한계가 있다는 입장에서 추첨을 통해서 구성해야 한다는 것을 주장한 바 있다. 결정 권한까지 부여하면 입법권의 문제가 있을 수 있기 때문에 논의된 사안을 바로 본회의에 부의하도록 하는 방식을 고려할 수 있을 것이다.

2 헌법개정시민의회[186]

1987년 헌법 개정 이후 30년 만에 헌법개정특별위원회가 구성되어 2017년 1월 1일부터 6월 30일까지를 기한으로 활동 중이다. 특위 국회의원 수는 36명으로 민주당 14명, 새누리당 12명, 국민의당 5명, 바른정당 4명, 정의당 1명으로 배분되었다. 특위 산하에 4개의 소위원회를 두며 1소위는 '기본권, 총강(통일), 경제'에 대한 의제, 2소위는 '권력구조(입법부, 행정부), 개헌 절차'에 대한 의제, 3소위는 '권력구조(법원, 헌법재판소), 정당·선거제도'에 대한 의제를, 4소위는 '지방분권, 재정(감사원)'에 대한 의제를 각각 담당한다. 특위는 국회 홈페이지를 통해 일반 국민의 의견을 수렴하고 있으며 또 국회의장, 교섭단체, 헌법개정안 시안을 발표한 시민단체 등의 추천을 받은 53명의 자문위원단을 구성해 의견 수렴을 하

---

186 이지문(2017a)의 핵심 주장을 요약하였다.

고 있다. 이처럼 의석수에 따른 정당별 배분에 따른 특위를 가동하면서 형식상 시민사회단체나 학계 전문가들을 자문위원단으로 참여시키고 공청회 몇 번 개최하는 것으로 진행한다면 촛불민심을 제도 정치로 승화시키기에 부족할 뿐 아니라 여야 간의 헌법 개정 합의를 이끌어내기에 시간적으로도 여의치 못할 것이다. 더욱이 가장 관심이 집중되는 권력구조 문제의 경우 정당마다, 그리고 같은 정당의 의원들조차도 선호가 다른 현실에서 87년체제를 넘어서는 헌법개정안을 도출해내기는 현실적으로 어려움이 많을 것이다. 특위 위원 중에는 1987년에 반년도 안 되는 기간 만에 5년 단임 직선 대통령제를 핵심으로 하는 헌법 개정에 합의한 바 있기 때문에 시간이 문제될 것이 없다고 주장한다. 그러나 그때는 6·10항쟁으로 대통령 직선제 쟁취 자체를 정치권이 거부할 수 없었고 장기집권 문제를 없애기 위해 단임제 역시 합의할 수 있었지만 지금은 당장 대통령제를 유지할 것인지, 의원내각제를 도입할 것인지, 분권형 대통령제를 선택할지부터 시작해 양원제, 국민발안 및 국민소환 등 첨예하게 입장이 대립할 수 있는 상황이다. 그리고 국민 여론 역시 1987년과 달리 권력구조에 대한 지지가 갈리는 현실에서 국회가 합의안을 도출해내기는 쉽지 않을 것이다. 국회는 2016년 제20대 국회의원 선거를 앞두고 선거구획정조차 입장 차이로 법정시한을 넘겨 처리했다. 선거구를 넘어서서 권력구조 변동을 다룰 수밖에 없는 헌법개정안을 국회 재적의원 3분의 2 이상 찬성으로 만들어낼 수 있을까에 대해 회의적이다. 더 중요한 것은 설령 정의당을 포함한 원내 다섯 당이 원하는 것을 주고받기를 통해 개정안 도출에까지 이를 수 있다고 하더라도 그것이 과연 정당한 헌법 개정의 방향인가에 대해 묻지 않을 수 없다. 국민 개개인과 국가 간의 최고 계약인 헌법을 국민투표라는 방식을 통해 최종적으로 국민이 결정한다고 하지만 단순히 찬반만 표시할 수밖에 없는 국민투표 형식으로 계약의 당사자인 국민이 만든 것이라고 보기 어려울 것이다. "대한민국의 주권은 국민에게 있고, 모든 권력은 국민으로부터 나온다"라는 헌법 제1조는 국민이 정치 체제의 근본적 원칙 수립의 주체가 될 때 실현 가능할 수 있을 것이다. 선거로 선출한 국회에 입법권을 부여한다고 하더라도 정치 체제의 가장 근본이 되는, 그리고 가장 큰 사회계약인 헌법개정에 있어서만큼은 주권자인 국민이 단순히 국민투표 방식이 아닌 좀 더 적극적으로 참여할 수 있는 제도가 요청된다. 의석수에 따른 헌법개정특위가 아니라 추첨을 통한 시민의회를 구성해 헌법 개정의 주체가 될 수 있도록 하자는 것이다. 성, 연령, 지역을 고려한 추첨 방식으로 진행하며 추첨을 통해 선발된 이들에게 참여 여부를 확인 후 거부할 경우 같은 사회경제적 배경을 가진 예비후보자 중에서 충원해나가는 방식을 취하면 될 것이다. 규모는 통계적 대표성 및 예산 등을 고려해 최대 500명을 넘지 않되 최소 300명은 되어야 할 것이다. 2개월은 학습 기간, 3개월은 공청회 등을 통한 의견 수렴 기간, 다시 3개월은 심의 및 결정 기간으로 기획하면 전체 운용 기간은 8개월이 된다. 2018년 6월 지방선거 때 국민투표에 회부하기 위해서는 늦어도 금년 9월에 구성해 진행해야 할 것이다.

추첨시민의회에서 개정안 하나하나를 만들어가는 과정을 요구하기에는 현실적으로 무리가 있을 것이다. 아일랜드의 경우도 정해진 의제에 한두 가지 추가 의제를 자체적으로 선정해 심의한 것에서도 볼 수 있듯이 추첨시민의회가 완전히 새로운 개정안을 마련하기는 기대할 수 없다. 대안으로 국회 의석을 갖고 있는 정당들은 먼저 정당 차원에서 헌법개정안을 마련하여 시민의회에 제출하게 하고 일정 수 이상의 서명을 받아 시민단체가 헌법개정안을 제출할 수 있도록 하는 방법이다. 이들 안을 갖고 분과별 위원회를 구성해 온라인에서 논의하고 한 달에 한두 번 오프라인에서 전체 회의를 개최하는 방식으로 진행하는 것이 효율적일 것이다. 개정안을 제출한 정당 및 시민단체는 시민의회에 출석해 의견을 개진할 수 있다. 캐나다 두 개 주 사례를 참고해 학습 기간, 공청회 등 의견 수렴 기간, 심의 기간, 최종 결정 기간 이렇게 진행하고 전체 회의는 한 달에 한두 번 주말을 이용해 1박 2일 과정으로 운용하고 TV나 인터넷으로 생중계한다. 분과별 온라인 논의는 인터넷 전자공간을 통해서 이루어진다. 일반 시민과 연계 역시 상시 유지된다. 시민의회 홈페이지에 게시판을 마련함으로써 의견 제시가 가능하도록 한다. 이와 함께 공청회를 개최함으로써 일반 시민들의 의견을 취합할 수 있다.[187]

3. 양원제 개헌 시 추첨시민의회 도입[188]

양원제 도입의 필요성이 특히 지방분권 차원에서 공론화되고 있다. 신중한 의안 처리의 유도, 다양한 대표성의 구현, 남북통일 대비 및 지방분권 차원에서의 양원제 도입 필요성에는 공감하지만 상원 구성 방식으로 일반적으로 제안되는 정당을 기반으로 하는 선거 방식에는 동의하지 않는다. 선거를 통해 선출할 경우, 한국 정치의 행태를 돌이켜봤을 때 같은 정당이 양원을 장악하게 되면 견제와 균형의 의미가 사라질 것이며,

---

[187] 저자 중 한 명인 이지문이 공동집행위원장으로 참여하는 추첨민회네트워크는 이지문을 청원인 대표로 하여 2017년 2월 정의당 윤소하 의원을 통해 '헌법개정안 마련을 위한 시민의회의 설치 및 운영에 관한 법률' 제정을 위한 입법청원을 하였다. 헌법개정안 마련을 독립적으로 수행하기 위해 1년 기간으로 운용되는 헌법개정시민의회는 국회 주관으로 지역, 성, 연령을 고려한 무작위 추첨을 통해 300명의 시민으로 구성하는 기구로, 헌법개정시민의회가 확정한 헌법개정안은 국회에서 심의하여 헌법 개정의 발의 여부를 결정하도록 하자는 것이 핵심 내용이다. 법률안 내용은 부록으로 첨부하였다.
[188] 이지문(2017b)을 요약정리하였다.

다른 정당이 양원의 각각 다수당이 되면 서로 발목잡기의 가능성이 높아져 교착상태 및 정국 경색으로 인한 효율성 부족이 심해질 것으로 예상되기 때문이다. 바로 시에예스(Sieyès, E. J.)의 "상원이 하원과 같은 견해라면 이는 무용하고 그렇지 않다면 유해하다"라는 양원제 비판에서도 확인할 수 있듯이 자칫 양원제 무용론이나 유해론이라는 반론에 직면할 수 있다는 점이다(대화문화아카데미 2016, 211). 또한 선거로 인한 폐해 역시 고스란히 나타날 수 있다는 점과 양원제에 따른 의원 수가 늘어나는 것에 대한 국민적 거부감까지 고려해야 할 것이다.

기존 읍면동 주민자치위원회 구성을 위촉이나 추천 방식이 아닌 추첨 방식으로 전환해 일반 시민들이 참여할 수 있도록 보장하며[189] 그 기능을 활성화해 읍면동 민회로 발전시킨다. 각각의 읍면동 민회에서 추첨으로 선발한 이들로 기초지방자치단체 민회를, 각각의 기초지방자치단체 민회에서 추첨으로 선발한 이들로 광역지방자치단체 민회를, 각각 광역지방자치단체 민회에서 추첨으로 선발한 이들로 양원제하에서 한 원인 국가민회를 구성하는 방식이다. 국가민회 의원 수는 현 국회 지역구 정수의 2분의 1인 124명이다. 각 민회의 임기는 2년으로 하되, 첫 임기에서만 반수의 임기를 1년으로 정하고 2차 년도에 개선하는 방식으로 하여 1년 단위로 2분의 1씩 개선될 수 있도록 한다.

몇 가지 쟁점들을 살펴보면서 보다 발전된 구성 방식에 대해 논의하고자 한다. 먼저 민회의 기초가 되는 읍면동 민회 구성을 위한 추첨에 있어서 자원자를 대상으로 할 것인가, 아니면 해당 주민 전체를 대상으

---

[189] 제주특별자치도에서는 주민자치학교 수료를 전제로 추첨을 통해 자치위원을 선정·위촉하도록 하고, 위촉권자도 읍면동장에서 행정시장으로 변경하는 등의 내용을 담은 「제주특별자치도 주민자치센터 설치·운영 조례」 개정을 통해 운용하고 있다(신용인 2017).

로 할 것인가 하는 점이다. 만일 전체 주민을 대상으로 할 때 추첨으로 선정될 경우 거부권을 인정할 것인가 하는 점까지 함께 고려되어야 할 것이다. 세 가지 유형을 생각할 수 있다. 첫째는, 자발적으로 참여하겠다고 한 사람만을 대상으로 추첨하는 유형이다. 둘째는, 모든 적격자를 대상으로 추첨한 후 참여 거부를 인정하는 유형이다. 셋째는 모든 적격자를 대상으로 추첨한 후 아주 협소한 예외를 인정하고는 참여를 강제하는 유형이다. 첫째 유형은 제주특별자치도 주민자치위원회 경우로 반나절 과정의 자치학교를 이수한 자에 한해 추첨으로 선발하는 방식이다. 참고로 고대 아테네 경우도 30세 이상 시민 중 자원자를 대상으로 추첨으로 평의회를 구성하였다. 둘째 유형은 아일랜드 시민의회의 경우인데, 전체 국민을 대상으로 지역, 성, 연령을 고려한 추첨으로 선발한 후 본인의 의사를 확인 뒤 최종 결정함으로써 거부할 권리를 부여하였다. 셋째 유형의 가장 대표적인 것이 사법배심원제이다. 한국의 국민참여재판 제도 역시 부득이한 사정을 제외하고는 원칙적으로 의무로 규정되어 있다. 이 책에서는 둘째 유형을 제안한다. 자원자로 구성한 경우 특히 제주특별자치도처럼 자치학교 이수를 전제로 한 자원자일 경우 참여 의욕이 높아 보다 책임성을 가질 수 있을 것이다. 하지만 선거와 마찬가지로 자가 발전적 성향의 사람들 위주로 나서게 되며, 특히 교육과 소득에 의해 이미 혜택을 받은 사람들의 권력을 승대시킬 위험이 있다. 이와 함께 상대적으로 저소득층이나 저학력자 경우 참여하고자 할 가능성이 낮아 이들 계층의 과소대표 가능성이 높을 것으로 예상되기 때문이다. 더욱 우려스러운 부분은 자원자로 할 경우에는 특정 정당, 특정 정치사회 세력 등이 자원자 독려에 나설 수 있고 이것이 지나치게 될 경우 정당 간, 이념 간 갈등의 소지가 증폭될 수 있다는 점이다. 전체 주민을 대상으로 하더라도 사법배심원처럼 하루, 길어야 며칠 정도의 1회성 참여가 아닌

2년 임기의 민회 구성원으로 참여하는 것을 강제하는 것은 타당하지 않다는 점에서 볼 때, 처음부터 자원하는 방식보다는 자동적으로 선택 풀(pool)에 들어가 선발되었을 때 참여 여부에 대한 선택 권한을 주는 것이 타당하다고 본다. 그러나 분명 이 경우 역시 대표성에서 문제가 발생할 여지가 있다. 따라서 첫째, 금전적 이유로 의원직을 거부하지 않도록 높은 수준의 보상 시스템을 확보하고 참여 시 해당 직장으로부터 불이익을 당하지 않도록 법제화해야 하며, 선임 시 충분한 교육 프로그램을 제공함으로써 참여에 대한 두려움을 낮추도록 한다. 또 하나는 다른 차원의 문제로 그럼에도 불구하고 거부하였을 때 예비후보자 중에서 충원할 때 동일한 사회경제적 배경을 가진 사람으로 대체함으로써 대표성 시비를 낮추도록 해야 할 것이다.

둘째, 지역별로 동등하게 할 것인가, 인구 비례로 구성해야 할 것인가 하는 점이다. 상원 구성 시 현행 국회의원 선거구의 경우 인구수가 1대 2를 넘으면 위헌이라는 헌법재판소 판결을 고려해 인구 비례로 구성해야 한다는 의견과 달리 수도권의 인구가 증가하고 있는 추세를 감안할 때 양원 모두 인구 비례로 구성할 경우 지방의 이익이 침해될 우려가 높으므로 지역별로 동등한 수의 의원을 배분할 필요가 있다는 것이다. 다른 나라 사례를 보면 미국 하원은 인구에 비례해 선출되지만, 상원은 주의 인구 규모에 관계없이 각 주에 2석씩 배정된다. 많은 지역형 상원이 미국 모형을 전면적으로 또는 부분적으로 따른다. 호주 상원의원은 미국과 같이 동수 배정 원칙에 따라 각 주에 12석씩 배정된다. 캐나다는 약간 변형된 동수 배정 원칙을 적용해 전국을 4개 초광역권으로 구분해 각 광역권에 24석씩 배정된다. 남아공은 9개 지역에 각기 10석씩 배정된다. 단방국가(Unitary State)인 폴란드 역시 상원은 인구 규모와 관계없이 47개 선거구에서 각각 2명씩 선출된 의원으로 구성된다. 그러나 많은 나라가 지역의 인구 규모를 다소 고려해 의석을 배정한다. 이때 인구가 적은 지역에게는 인구 비례보다 다소 많은 의석수를 배정한다. 독일은 동수 배정 원칙의 철저한 적용이 야기하는 주 간 격차를 완화하기 위해 동수 배정 원칙과 인구 비례 원칙을 적용해 각 주에 3~6명씩 배정된다. 각 주는 최소한 3명의 의원을 둔다. 인구 200만 명을 초과하는 주는 4명의 의원을, 인구 600만 명을 초과하는 주는 5명의 의원을, 인구 700만 명을 초과하는 주는 6명의 의원을 둔다. 즉 가장 큰 주와 가장 작은 주 간 인구 격차는 30배에 이르지만, 의석수 차이는 2배에 불과하다. 오스트리아는 각 주에 3~12석이 배정된다(안성호 2017, 66~67).

우리의 경우 인구 비례 원칙을 수용하는 것에 동의하지 않는다. 기존 국회는 지금처럼 인구 비례로 구성된다는 점에서, 민회의 경우 인구 비례 방식이 되면 수도권이 절반을 차지하게 된다는 점에서 문제가 클 수밖에 없다. 다음으로 동수 배정 원칙을 따랐을 경우를 살펴보면, 현행 17개 시도를 그대로 인정해 동수의 정수를 배정하는 것은 가장 인구수가 적은 세종과 가장 많은 경기의 경우 편차가 2015년 7월 기준 세종 18만9478명, 경기 1244만4924명을 고려할 때 1대 65까지 격차가 나기 때문에 심한 과다대표가 이루어진다는 점에서 반발이 따를 수 있다. 현행 17개 시도 단위가 아니라 캐나다처럼 초광역권 단위로 재조정해 서울, 인천/경기, 강원/충북/충남/대전/세종, 전북/전남/광주/제주, 경북/경남/대구/부산/울산, 이렇게 다섯 권역으로 하여 동수를 배정할 경우 강원이나 제주의 경우 충청권과 호남권에 포함되는 것에 반발이 있을 수 있으며 영남권의 경우 충청권이나 호남권에 비해 인구가 2~3배 많다는 점에서 동의하기 힘들 것이다. 따라서 지역 동수 경우도 현실적으로 여의치 못하다는 점에서 지역대표성과 소수 지역의 이익 보호를 감안해 소수 지역의 과다대표성을 어느 정도 인정하면서 지역 간에 적절히 안배하는 지역과 인구 비례를 절충하는 방식을 채택해야 할 것이다. 지역대 표성과 인구 비례를 동시에 감안하여 광역지방자치단체의 관할구역 내 의 인구가 50만 명 이하일 때 2인, 50만 명 초과 100만 명 이하일 때는 4 인, 100만 명 초과 300만 명 이하일 때는 6인, 300만 명 초과 600만 명 이하일 때는 10인, 600만 명 초과 1000만 명 이하일 때는 13인, 1000만 명 초과 때는 16인으로 총 124명을 다음과 같이 구성할 수 있을 것이다.

〈표 6〉권역별 국가민회 의원 수 할당

수도권	38 (30.6%)	서울 16	경기 16	인천 6		
충청강원권	26 (21.0%)	강원 6	충남 6	충북 6	대전 6	세종 2
호남제주권	22 (17.8%)	전남 6	전북 6	광주 6	제주 4	
영남권	38 (30.6%)	대구 6	경북 6	경남 10	부산 10	울산 6

세종을 예외로 할 경우 가장 적은 제주와 가장 많은 경기와 편차가 1대 4로, 이것은 실제 인구 편차 1대 20과 비교할 때 지역대표를 일정 부 분 인정한 것으로 볼 수 있을 것이다. 다만 이 경우는 각 광역지방자치 단체에서 국가민회를 구성할 경우이고 읍면동 민회에서 기초지방자치단 체 민회를, 기초자치단체 민회에서 광역지방자치단체 민회를 구성할 때 는 해당 민회당 각각 남녀 한 명씩을 기준으로 한다. 이것은 광역 단위 와 비교할 때 인구 편차가 상대적으로 크지 않는 것을 고려한 것이다.

서울 종로구를 예시로 들면, 종로구의 17개의 행정동 차원에서 각 각 동 주민자치위원회가 구성되어 동 민회 역할을 담당하고 각 동 주민 자치위원회에서 남녀 한 명씩 추첨으로 선발해 34명으로 종로구 민회를 구성한다. 종로구 민회를 비롯해 25개 자치구 민회에서 각각 남녀 한 명씩 추첨으로 선발해 50명 규모의 서울특별시 민회를 구성한다. 서울특별시 민회의 경우 할당된 16명을 남녀 8명씩 추첨해 국가민회 의원으로 선정한다. 하위 민회에서 상위 민회 의원으로 선출되면 그 공석은 예비후보자들이 승계하는 식이다.

셋째, 광역자치단체별로 배분된 인원만큼 바로 추첨으로 하지 않고 읍면동 민회를 기반으로 해서 구성하는 방식을 제안하는 것은 다음과 같은 몇 가지 이유 때문이다. 첫째는 책임성을 강조하기 위해서다. 개인 자격이 아니라 읍면동을, 그리고 기초자치단체, 나아가 광역자치단체를 대표한다는 점에서 책임감을 갖고 민회 의원으로서 역할을 기대할 수 있다는 점이다. 둘째는 주민 중에서 바로 추첨해 민회를 구성할 경우 대표성 시비가 있을 수 있다는 점을 완화하기 위해서다. 또한 개인으로서 민회 참여가 아니라 자신이 속한 읍면동 민회, 기초 민회, 광역 민회의 구성원들과 논의해 결정에 이를 수 있다는 점이다. 셋째는 임기 중 결원이 생겼을 때 그 결원이 된 의원이 속한 민회 의원 중 바로 충원할 수 있어 업무 이해도를 높일 수 있다는 점이다. 넷째는 풀뿌리민주주의 활성화 차원이다. 풀뿌리민주주의가 지방자치의 다른 이름으로 불리고 있으나 지방자치단체장과 지방의원을 선출하는 단체자치 수준에서 머물고 있을 뿐 주민자치로 나아가지 못하고 있는 실정이다. 이 점에서 풀뿌리민주주의의 본래의 의미인 심의를 통한 시민참여를 활성화할 수 있다. 읍면동 민회를 기본으로 하는 국가민회 방식이 되면 2016년 말 기준으로 할 때 3502개의 읍면동 민회, 226개 기초자치단체 민회, 17개 광역자치단체 민회, 1개의 국가민회가 함께 존재하면서 읍면동 차원에서의 풀뿌리민주주의를 활성화하면서 지방자치단체 차원에서의 양원제 역시 가능할 수 있을 것이다.

그 밖의 몇 가지 사항을 추가하고자 한다. 먼저 명칭 문제다. 기존 논의에서 양원제 명칭은 상원/하원, 참의원/민의원으로 표현되는데 상하라는 개념이 주는 서열의 문제도 적절치 않으며 참의원, 민의원의 용어 경우 양 의회 사이 개념적 차이를 확인하기 어렵다는 점에서, 국가 단위에서 기존 선거로 선출되는 경우는 국회라 칭하고 추첨을 통해 구성하는 경우 국가민회라 하는 것을 제안한다. 이를 통틀어 국가의회라 칭한다. 둘째, 읍면동 민회 구성을 위한 추첨 시 단순무작위추출을 할지, 층화추출을 할지, 층화추출을 한다면 어떤 사회문화적 기준으로 층(strat, 예를 들어 성별, 연령별, 지역별, 소득별, 직업별 등)을 형성할 것인지는 매우 중요하다. 아일랜드 시민의회 경우 지역, 성, 연령을 고려한 추첨으로 구성했는데 읍면동 차원에서는 따로 지역을 또 고려할 필요까지는 없기 때문에 주민등록명부를 기준으로 성, 연령을 감안한 층화추출 방식을 제안한다. 그 이유는 첫째는, 특정 계층이 과다 내지 과소대표될 여지가 있을 수 있다는 점을 고려한다. 둘째는, 추첨 후 본인에게 참여 여부를 선택하도록 전제하는 상황에서 단순무작위추출에서는 거부한 사람의 사회경제적 배경과 관계없이 단지 차례대로 다음 사람을 추첨하기 때문에 이 경우 특정 계층의 과다 거부가 있을 경우 이 계층이 과소 대표될 수 있기 때문이다. 층화추출인 경우에는 설령 거부자가 있을 경우 같은 층의 사람으로 충원할 수 있는 장점이 있다. 셋째, 적격의 문제다. 최소 연령을 제외하고는 큰 배제 대상은 없도록 한다. 국민참여재판 역시 만 20세 이상 대한민국 국민이면 누구나 될 수 있고 특별한 자격을 필요로 하지 않는다. 현행 공직선거법의 피선거권 관련 규정을 기본적으로 따르되, 연령 경우는 선거권과 동일한 연령인 만 19세로 하향해서 통일시켜야 한다는 입장이다[190]. 이와 함께 추첨일 기준 최근 4년 공직선거

---

190 선거권이 만 18세로 하향된다면 맞추면 될 것이다. 정당에 기반을 둔 공직 출마

출마자(예비후보로 등록한 자 포함)는 제외한다.

끝으로 권한 문제다. 국회와 국가민회 사이의 권한은 헌법적 고찰이 필요하다는 점에서 이 책에서 상세하게 다루지는 못하지만 국회의 국가민회에 대한 우월성을 인정하는 불균등 양원 행태가 바람직하다고 본다. 즉 미국, 일본 상원처럼 강력한 권한을 부여하는 것이 아니라 법률안 발의권 및 거부권, 자동폐기 가능성이 높은 법률안에 대한 표결 요청권, 정당 및 국회의 이해관계가 걸린 선거법 의결권, 국회에 대해 의견을 표명할 권한, 중요 정책에 대한 국민투표 요구권 등을 고려할 수 있을 것이다. 헌법개정안의 경우 국회뿐만 아니라 국가민회 차원에서도 재적의원 과반수의 찬성으로 발의할 수 있으며 국회든 국가민회든 발의한 헌법개정안은 국회와 국가민회 양 의회 합동회의의 재적의원 3분의 2 이상의 찬성으로 의결한 후 국민투표를 거쳐 확정하는 권한도 고려할 수 있을 것이다.

다음으로 운용과 관련되어 상시적 교육 프로그램을 진행한다. 추첨시민의회를 통해서 선발된 일반 시민들이 의회 기능 및 역할 등에 대해서 충분히 학습할 수 있도록 교육 프로그램이 제공되어져야 한다. 이 점은 미국 하원 개혁을 주창한 칼렌바크과 필립스의 논의에서 상세히 찾아볼 수 있다. 이들은 추첨의원들이 임기를 시작할 때 적어도 워싱턴에서 첫 석 달 동안 이전 의회 지도자를 비롯하여 내학교수 등으로 이루어진 교육기관의 체계적인 교육을 받도록 하고 있다. 이러한 교육을 통해서 의원으로서 보다 나은 활동을 할 수 있도록 촉진하는 것도 있지만 임기를 마치고 일상으로 돌아가서도 영향력 있는 사람으로 활동할 수

___

가 아니기 때문에 정치적 중립을 이유로 공무원, 언론인, 교사 등의 경우 사퇴하지 않아도 될 것이다.

있는 혁신적 에너지를 부여할 수 있다고 그 의미를 설명하고 있다. 이러한 주장처럼 임기 시작 전에 의정활동과 관련된 필요한 교육을 전직 의원, 교수, 공무원, 법조인, 시민운동가, 인터넷 전문가 등으로 구성된 일종의 정치대학에서 이수하게끔 한다. 특히 전자공간에서 토론이 많이 이루어진다는 점에서 인터넷 사용 능력은 현저히 떨어질 수 있는 고령층 대상으로 정보기기 활용 역시 충분한 교육이 이루어져야 한다. 또한 교육 시스템을 상시적으로 운용함으로써 임기 중에도 지속적인 교육을 제공받을 수 있도록 하며, 의원뿐만 아니라 일반 시민에게도 개방하여 정치교육, 민주시민교육을 평소 학습할 수 있는 통로를 제공한다.

또한 중요하게 고려할 것이 참여에 대한 보수 지급이다. 보수 지급의 필요에 대해서는 고대 아테네 사례에서도 확인할 수 있으며, 기존 주장에서도 정도의 차이는 있지만 쉽게 찾아볼 수 있는 부분이다. 또한 불이익 금지 조항 역시 찾아볼 수 있다. 아테네에서는 법정에 참여하고 이어서 민회에 참석하면 하루 품삯의 절반에 해당하는 수당을 받을 수 있었다. 평의회가 개최되는 날 역시 돈을 받았다. 돈을 지급했던 목적은 돈을 받지 않으면 노동시간을 잃을 것이라 생각하여 정치 활동을 미루는 사람들의 참여를 유도하기 위해서였다. 한국의 국민참여재판에서는 배심 참여를 이유로 해고하거나 불이익 처우를 하여서는 안 되며, 재판 하루당 10만 원의 일당이, 선정 기일에 출석한 배심원 후보자는 선정되지 않아도 5만 원의 일당을 지급받는다. 캐나다 브리티시컬럼비아주 선거개혁시민의회 역시 회의에 참석했을 때 1일당 150달러에 교통비와 숙박비를 별도로 받는 등 앞서 살펴본 해외 사례에서도 일정 부분 보상이 이루어졌다. 기존 사례뿐만 아니라 앞서 살펴본 다양한 제안에서도 보수 지급 등은 쉽게 찾아볼 수 있다. 스나이더의 선거시민배심의 경우는 의회 내 상임위원회 기능을 하기 때문에 기존 의원들과 비슷한 수준의 의료혜택이 포함된 정기적 봉급을 제시한다. 비상설 시민의회를 제안하는 김상준 경우는 해당 시기 한국의 평균임금을 산정해 지급한다는 입장이며, 달의 자문위원회에서는 적절한 수당을 지급하되, 일률적인 것이 아니고 가난하거나 실직한 사람이라면 생활비를 주고 일자리가 있는 사람이라면 계속 그의 정상 봉급을 받도록 하는 것 외에 들어가는 모든 경비를 지급받도록 해준다. 오현철의 상설시민의회 제안에서는 구체적인 금액 제시 없이 원론적으로 보수를 지급한다고 되어 있다. 보수 지급의 근거로 내세우는 것은 세 가지 정도로 이해된다. 첫째는 고대 아테네 사고의 연장이다. 이것은 오현철의 "빈곤한 사람도 부담 없이 임무를 담당할 수 있도록 한다"는 생각에서 알 수 있다. 둘째는, 시민의회 활동 중 매수되거나 복무를 거부하지 않을 정도의 지급 필요성이다. 셋째는 활동 기간 중 동기부여 차원이다. 지방 공직자 선출에서 추첨을 제안한 바버(1992)의 "일당은 봉사를 자극하기도 하고, 공공복리를 위하여 소비된 시간을 보상한다"라는 의견이 이에 해당한다. 또한 참가자들이 한 개인으로서가 아니라 전체 시민의 대표자로 참여한다는 마음을 가질 수 있다는 점 역시 큰 의미가 있다. 이런 점에서 보수 지급은 크게 보면, 활동 기간 중 동기부여 차원과 매수 방지와 함께 금전상 손실로 인한 거부, 특히 저소득층의 거부를 완화시키면서 참여를 유인하는 차원에서 당연히 요청된다. 이 책에서도 참여를 원하지 않는 이유가 금전적인 문제가 되지 않도록 충분한 보수를 제안한다. 세금 감면 등 간접적인 인센티브와 회의비 개념의 직접적인 보수 지급을 결합할 수 있을 것이다.

6장

추첨시민의회의 함의

1. 추첨시민의회의 의의

추첨시민의회의 사례들과 제안들을 통해 추첨시민의회가 갖고 있는 유용성에 대해 단편적으로 언급이 되었지만 왜 추첨을 통한 시민의회 방식이어야 하는가에 대해 보다 자세히 제시하고자 한다.

1) 평등한 참여와 충분한 심의가 가능한 공론장 제공

대의민주주의의 한계를 보완하고 시민주권이 실현되는 참여민주주의 장으로서 기능할 수 있다. 참여에는 두 가지가 전제되어야 한다. 하나는 '공동체 구성원 모두에게 영향을 미치는 정책 결정 과정에 그 구성원 대다수가 직접적으로 또는 간접적으로 참여하거나 참여할 수 있는 공동체의 정부 체제'를 말하는 민주주의 이상에 부합할 수 있도록 일부 또는 특정 사회계층의 참여가 아닌, 공동체 구성원 전체가 참여할 수 있어야 할 것이며 최소한 공동체 전체의 횡단면(cross-section)을 반영하는 참여가 되어야 한다. 또 하나는 '동료 시민들과 함께 공공선에 대해 심사숙고하고, 공동체의 운명을 형성하기 위해 서로 돕는 것'을 의미하는 공화주의 이론에도 일치할 수 있도록 깊이 있는 심의와 토론을 통한 결정에 이를 수 있어야 한다. 즉 '평등한 참여'와 '충분한 심의'가 전제될 때 민주적인 시민참여라고 할 수 있을 것이다. '평등한 참여'와 '충분한 심의'가 또한 중요한 이유는 대의민주주의의 한계로 지적되는 공공선 결핍을 해소하기 위한 필요조건이기 때문이며 시민들은 참여를 통해 경청, 설득, 주장, 타협 및 공통분모 모색 등과 같은 기술을 익힘으로써 '민주적 대중'(Mattson 1998, 5)이 될 수 있다는 점에서 민주주의의 주체로서 '시민'을 육성할 수 있기 때문이다. '민주적 대중'은 시민들이 함께 모여 자신들의 삶에 영향을 미치는 지방 및 국가적 이슈에 심사숙고하고 공적 판단을 할 때 형성된다. 공적 토론 모임을 가짐으로써 시민들은 민주적 대중에 필요한 기술들을 익히고 이러한 기술들이 제도 내에서 조장될 때 시민은 스스로를 교육시켜 정보를 갖춘 정치적 결정을 할 수 있다(주성수 2006, 43~45).

  이러한 점에서 추첨시민의회는 첫째, 전체 시민들의 이성적인 의견을 파악하는 데 필요한 시간과 비용을 절약하는 한편, 결과의 민주적 정당성을 높일 수 있다. 둘째, 다양한 전문가들의 전문적 지식에 기반을 두는 한편 정보로 무장한 시민들의 깊이 있는 심의를 진행함으로써, 제한된 정보 풀(pool)에 의존하는 자문위원회나 공청회, 포럼보다 우월한 결론을 도출할 수 있다. 셋째, 인구통계학적 대표성을 지닌 소우주를 만듦으로써 참여할 기회를 모든 시민에게 동등하게 보장하므로 참여의 평등성을 만족시킬 수 있다. 특히 평등한 참여기회는 선거가 지배하는 대의민주주의에서는 보장되지 않던 의사결정 과정의 민주적 정당성을 높일 수 있다. 넷째, 국가 이슈를 결정하는 중요한 역할이 참여자들의 열성을 자극할 뿐 아니라 독립적으로 활동하여 스스로 책무성을 높일 것으로 기대할 수 있다.[191] 다섯째, 참여를 통한 학습 효과를 기대할 수 있다. 참여는 개인들의 민주주의 의식을 고취시키며 공동체를 건설하여 동정, 관용, 평등의 가치를 공유하게 하고, 나아가 제도들을 효과적인 민주주의 제도로 변화하도록 만들 수 있다(Berry et al. 1993, 5~7). 이를 통해 '민주적 대중'으로 민주주의의 주체로서 시민 육성을 기대할 수 있다. 이 점에서 추첨시민의회는 참여민주주의의 실질적 제도화를 통한 기존 의회 권력을 보완하는 시민의회권력을 창출함으로써 보다 실질적 기능을 할 수 있는 토대를 마련할 수 있다(김의영·이지문 2015, 133~135).

2) 광장 민심의 일상적 제도화

대통령 하야를 요구하는 촛불집회와 같이 민심의 거대한 표출을 제도권에서 즉각적으로 반영하기 위해서도 정당에 기반을 둔 기존 의회뿐만 아니라 시민의회가 요청된다. 즉 모든 사회계층을 포괄하는 대표 체제를 창출할 수 있다는 점에서 촛불의 제도화, 즉 광장정치의 제도화 차원에서 추첨시민의회가 그 대안이 될 수 있기 때문이다. 추첨시민의회는 일상적인 사회운동의 제도정치화를 가능케 하고 이를 통해서 정치적 탈독점을 통한 '다중 정치' 시대를 현실 정치에서 구현할 수 있다. 그렇다고 해서 사회운동이 위축되는 것은 아니다. 추첨시민의회 의원들은 사회운동의 요구들을 제도정치에서 즉각적으로 반영할 수 있으며 추첨시민의회 의원들을 대상으로 다양한 이슈와 정책에 대해서 의견을 제시하고 이들을 추동할 수 있다는 점에서 그 역할이 더 강화될 수 있으며 현실 정치에서 반영될 여지가 지금보다 더 커질 수 있기 때문이다. 이 점에서

---

[191] 오현철·강대현(2013, 157; 161)의 내용을 본문 내용에 맞게 수정하였다.

제도정치와 광장정치 간의 불필요한 논란 없이 광장정치가 지향하는 목표를 제도정치 내로 수렴하면서도 광장정치 존재 의미는 강화될 수 있다(이지문 2012, 451~454).

3) 자유주의와 공화주의의 실질적 구현

헌법 전문 중에 '자유민주적 기본질서를 더욱 확고히 한다'와 제1장 제1조 제1항 '대한민국은 민주공화국이다'라는 선언에서도 알 수 있듯이 한국 민주주의는 자유주의와 공화주의를 양대 축으로 하고 있다. 추첨시민의회가 자유주의와 공화주의와 어떠한 함의를 갖는지 논의함으로써 그 유용성을 재차 강조하고자 한다. 먼저 자유주의부터 살펴보자. 자유주의 정치철학은 자유를 인간의 본질로 이해하고 이에 입각한 정치 원리를 규명하는 데 초점을 맞춘다. 자유주의 정치철학의 핵심은 두 가지로 나타나는데 하나는, 개인은 각자 자유로운 가치관에 입각하여 선정한 인생 계획과 의도에 따라 자신의 삶을 영위해갈 수 있는 정치 환경을 설정하려 한다는 점이다. 두 번째는 이러한 정치 환경을 규정하는 정치 원칙을 만들어내는 데 있어 각 개인은 이에 대한 동등한 목소리를 갖고 있다는 점이다. 이 두 가지를 결합하면 개인이 자신의 인생 및 자신의 인생에 영향을 주는 정치 환경 설정의 주체가 된다는 것을 의미하는데, 세 단계 변화 과정을 거친다. 우선 고전적 자유주의 단계가 첫 번째 단계이다. 이 단계의 핵심은 제한 정부 이념과 자유권 이념에 기초하고 있다. 즉, 제한 정부, 법치, 자의적이고 무분별한 권력의 방지, 사유재산과 자유계약의 신성성, 자신의 운명에 대한 개인들의 책임 개념에 집중되어 있다. 다음은 좀 더 적극적인 단계로 국가가 관여하여 개인의 권리보호 및 자유를 신장하는 단계이다. 이 단계에 이르면 국가를 통한 자유 및 권리의 확대를 기도하게 된다. 고전적 자유주의에서 자유가 언제나 의도적으로 부과된 제약이나 강제가 없는 상태로 묘사된 소극적 차원이었다면 이 단계에서 자유는 가치 있는 행동에 방해가 되는 모든 장애를 제거하는 것으로 인식하게 됨에 따라 보다 적극적 개념으로 전환된다. 그리고 자유란 이름으로 의미 있는 행위를 하는 데 방해되는 장애를 국가가 제거해줄 것을 촉구하는 경향을 보이기 때문에 국가의 보다 적극적이고 광범위한 역할이 요청된다. 세 번째 단계는 개인이 자신이 속한 정치 체제의 근본적 원칙을 수립하는 주체가 되는 것을 그 핵심으로 한다. 권력으로부터 개인의 자유 보호는 부수적인 것인 반면 정치체제를 운영하는 근본원칙 수립을 개인의 자유가 행사되는 본질로 간주하는 적극적인 측면이 나타나는 단계라 할 수 있다(장동진 2001, 68~77). 세 번째 단계의 핵심인 "개인이 정치 체제의 근본원칙 수립의 주체가 된다는 것"은 이 책에서 자유의 개념으로 논의하고 있는 '자기 통치의 적극적 자유'와 연관된다. 이 점에서 추첨시민의회는 세 번째 단계의 자유주의 실현을 위한 유용한 도구가 될 수 있다. 즉, 개인이 '정치 체제의 근본원칙 수립의 주체'가 되기 위해서는 정책이나 법률안 결정 등 국가 이슈에 대해 평등하게 참여할 수 있는 것이 전제되어야 할 것이다. 이러한 기반을 현실적으로 마련할 수 있는 것이 추첨시민의회가 될 수 있다. 민회민주주의 차원의 직접민주주의에서 개인들이 가장 확실한 주체가 되는 것은 명확하지만 규모와 시간, 정책의 복잡성 등을 고려했을 때 이런 차원의 자기 통치가 불가능하여 아테네 역시 추첨을 핵심으로 한 민주주의를 실현하였던 것이다. 즉, 고대 아테네 당시 아리스토텔레스가 논의한 '민주정의 기본원칙인 자유가 취해야 할 두 가지 형태 중 하나로 다스리고 또 다스림을 받는 것을 번갈아 하는 것'을 통한 자기 통치를 추첨이라는 방식으로 실현할 수 있다는 점에서 추첨시민의회는 자유주의를 함의하고 있다. 직접 참여를 통한 자기 통치뿐만 아니라 자기도 그러한 기회를 언제든 가질 수 있다는 점에서 정치적 효능감 역시 높아지기 때문에 개인이 정치체제의 근본원칙 수립의 주체가 된다는 자유주의 철학을 보다 더 충실하게 반영할 수 있게 된다.

다음으로 공화주의를 살펴보자. 공화주의 철학 역시 다른 '주의'와 마찬가지로 시대에 따라 쓰는 사람에 따라 다양하게 정의되고 있지만, 그 핵심은 공공선을 담보하는 법의 지배 안에서 다른 시민들에게 예속되지 않고, 자유를 누리며, 시민 덕성을 실천하는 정치 질서를 세우는 것이다(김경희 2009, 12). 공공선, 법치, 자유, 시민 덕성, 이 네 가지가 공화주의의 목표라고 할 수 있다. 먼저 공공선 개념은 '공화'라는 단어 자체에서 출발한다. 공화의 영어단어인 'republic'의 어원은 '공공의 것'을 뜻하는 라틴어 'res publica'이다. 이 말의 의미는 로마 시대의 키케로(Cicero)가 그의 저서 국가론(De re publica)에서 밝힌 "공화국은 국민의 일들이다. 그러나 국민은 아무렇게나 모인 일군의 사람들을 뜻하는 것이 아니라, 정의와 공동의 이익을 인정하고 동의한 사람들의 모임이다"라는 정의에서 찾아볼 수 있다. 여기서 공화의 핵심이 '정치공동체 공동의 이익, 즉 공공선을 위해 복무'라는 것을 알 수 있다. 이 때 공공선은 정치공동체 각 구성원들과 각 계층 간의 의견 조율을 통해 공동의 이익을 추구하는 공존의 이념이며 공평한 공적 이익은 공정한 법 제도를 통해, 사적 이해관계를 초월하는 공정한 공적 제도 속에 추구되고 만들어질 수 있게 된다. 다음으로 법치, 법의 지배는 법 적용의 보편성과 일반성을 특징으로 한다. 즉, 법은 신분의 귀천이나 권력의 유무에 상관없이 모두에게 공평하게 적용되어야 한다는 것이며, 이렇게 될 때 사람들은 법이 특수 계층의 사익을 옹호하는 것이 아니라 공동체 구성원 전체의 이익, 공공선을 위해 복무하는 것임을 인정하게 된다는 것이다(김경희 2009, 84 ; 88~9). 세 번째로, 공화주의적 자유는 타인이나 어떤 집단의 간섭으로부터 자유로운 것을 의미한다. 즉 다른 사람들에게 간섭받지 않고 행동할 수 있는 상태를 의미하는 소극적 자유와 개인이 스스로 주인이 되고자 하는 의지에서 자신의 삶에 진정으로 참여하는 데서 얻는 자유인 적극적 자유와는 다른 개념으로 주종적 혹은 예속적 관계가 존재하지 않는 상태의 자유다(김경희 2009, 80~1). 키케로는 "진정한 자유는 국민이 최고 권력을 갖는 공화국에서만 존재하며, 이때 자유는 정의로운 주인을 가지는 데 있는 것이 아니라 어떤 주인도 가지지 않는 데 있다"고 하였으며, 루소는 "자유로운 국민은 복종은 하지만 예종하지는 않으며, 지도자는 두지만 주인을 두지 않는다"(비롤리 2006, 16~17)라고 하였는데 이러한 말에서 그 의미를 찾아볼 수 있다. 또한 공화주의적 자유는 그 연장선상에서 자치와 자결의 의미를 포함한다. 마키아벨리(Machiavelli)에게 공화국이란 "주민이 스스로 만든 법에 따라서 자유롭게 사는 국가"이며(문지영 2009, 37), 제퍼슨 공화주의자들(Jeffersonian Republicans)에게 자유는 규제로부터 자유뿐만 아니라 정치에 적극적으로 참여할 자유였다(O'Leary 2006, 71). 이것은 브루니(Bruni)의 "공화국에서 다음과 같은 평등이 진정한 자유이다. 즉, 누구로부터 폭력이나 불법 행위를 두려워할 필요가 없는 것, 법 앞에서 그리고 공직 참여에 있어 시민들이 평등을 향유할 수 있는 것 말이다"라는 논의와 이어진다(마넹 2007, 86). 끝으로 시민 덕성이다. 공화주의는 자유로운 공동체의 형성은 단지 법치나 지혜로운 엘리트만으로는 불가능하다는 문제의식을 가지고 있다. 오히려 공동체 전체 시민들이 동등하고 자유로운 공적 공간을 형성하고자 하는 윤리적 태도나 내적 역량을 가질 때만이 비로소 공화주의의 이상은 실현된다고 보고 이것을 가리켜 시민 덕성이라고 부른다(안병진 2007, 247). 이러한 공화주의의 핵심 목표는 민주주의의 가치와도 연결된다. 먼저 공화주의적 자유가 자치와 자결을 강조한다는 것은 자기 통치의 자유와 이어진다. 특히 "지도자는 두지만 주인을 두지 않는다"라는 루소의 표현처럼 추첨시민의회는 대표자를 두지만 지배자와 피지배자가 구분되는 것이 아니고 아리스토텔레스가 말한 자유의 의미처럼 번갈아가며 지배하고 지배받기 때문에 지금처럼 주인 행세를 하는 대표자를 두지 않게 되며, 따라서 키케로의 표현처럼 복종은 하지만 예종은 하지 않는 자유를 가능케 한다. 특히 시민의회 제안은 많은 국민이 자신들의 목소리를 낼 공간을 점유할 기회, 정치에 참여할 수 있는 공간을 제공한다는 점에서 공화주의적 자유에서 거부하는 예종의 관념을 보다 적극적으로 극복할 수 있다. 다음으로 개인 혹은 집단의 사적 이익만을 추구하지 않고 갈등하는 쌍방의 견제와 균형을 통해 시민들이 공존하고 협동함으로써 상호 이익을 도모하는 것이 공동체 전체의 이익이 된다는(김경희 2009, 89~90) 공화주의 공공선 개념이 구체화되기 위해서는, 특정 계층 중심으로 정치적 대표자가 선출되어서는 안 되며 특정 이익집단들의 영향력이 과도해서도 안 된다는 것이 전제되어야 한다. 이 점에서 추첨시민의회는 다양한 사회계층을 대표하는 사람들이 의회라는 공간을 통해서 논의할 수 있으며, 그 과정에서 이익 단체의 로비 영향력을 완화시킬 수 있게 된다. 셋째로 시민 덕성이다. 공화주의에서 강조하는 시민 덕성은 시민들이 공동의 이익에 관심을 갖고 그것에 자발적으로 참여하고 적극적으로 복무하는 마음가짐과 자세이다. 이것은 주인의식과 배려의 정신에서 나오는데 공동체의 구성원으로서 억압과 차별이 존재하지 않을 때 가능하다고 본다(김경희 2009, 26~7). 추첨시민의회에서는 참여를 의무로 강제하지 않고 추첨 후 본인의 의사를 확인하는 과정으로 진행된다. 모든 이들이 참여를 선택할 때 억압과 차별을 받지 않도록 동등한 선택 기회가 주어져야 하며, 이와 함께 선택 시 금전이나 외부적 요인 때문에 포기하지 않도록 배려한다. 무엇보다도 주인의식과 배려의 시민 덕성은 국민 모두가 동등자로서 서로를 대면할 수 있는 공적 공간에서 정치적 우정을 형성할 수 있을 때(김경희·김동규 2006, 8~9) 함양될 수 있다는 점에서 추첨시민의회만큼 이러한 공적 공간을 창출하는 데 현실적이면서도 확장된 방식은 없을 것이다. 이것은 공화주의적 정체를 지탱하기 위하여 맨 먼저 필요한 것이 지성과 공공심, 도덕관념을 길러낼 수 있는 정치교육 과정이라는 크라우스의 말처럼(Krouse 1983, 74) 시민 덕성을 발달시킬 수 있는 것은 정치교육을 통해 가능하며 이것은 공화주의에서 강조하는 참여를 통해 달성할 수 있다는 점에서 추첨시민의회가 갖는 의미와 연결된다. 끝으로 법치의 경우 법 준수와 함께 법의 보편적 적용이 중시되는데, 추첨시민의회에서는 선거로 선출되는 의회에서 쉽게 목격되는 각종 선거법 위반과 부패 자체가 없어질 것이고, 정치 부패에 대한 자의적인 처벌 역시 획기적으로 완화될 것이다. 이처럼 공화주의의 핵심 이념들은 추첨시민의회를 통해 그 실현 가능성이 높다는 점에서 자유주의처럼 깊은 함의를 갖고 있음을 확인할 수 있다(이지문 2012, 439~444).

4) 선거와의 차별성

추첨은 선거보다 민주주의의 요소인 자유, 평등, 대표성, 통합, 공공선, 합리성, 시민 덕성 등 일곱 가지 관점에서 강점이 있다(이지문 2012, 217~329). 첫째, 시민권 차원의 소극적 자유가 아니라 고대 아테네의 자유에 대한 인식인 자기 통치의 적극적 자유를 실현할 수 있다. 비록 국민 전체가 시민의회의 구성원이 될 수 없다 하더라도 추첨을 통해 시민의회를 구성한다면 일반 국민 어느 누구라도 시민의회의 구성원이 될 수 있다는 점에서 좀 더 자기 통치의 자유에 근접할 수 있다. 둘째로 평등의 면을 보면, 피선거권의 평등이라는 형식상 기회의 평등이 아니라 선택될 기회의 실질적 평등 및 배분의 정의 확립이라는 면에서 선거보다 더 평등에 기여할 수 있다. 셋째로 대표성의 면을 보면, 특정 사회계층의 과다 또는 과소대표가 아니라 다양한 국민을 있는 그대로 반영하는 기술적 대표성 확립을 통한 실질적·상징적 대표성을 제고함으로써 선거보다 대표성을 제고할 수 있다. 선거나 추천 방식의 경우 사회경제적 배경에서 특정 계층 위주로 구성될 여지가 있지만 추첨을 할 경우 사회경제적 배경을 그대로 반영할 수 있다는 점에서 민주주의 정당성의 한 요소인 다양한 사회경제적 배경을 대변하는 대표성을 확보할 수 있다. 넷째로 통합의 면을 보면, 선거가 조장하는 분열과 선거 부정 또는 정치 부패로 인한 정치 불신이 사라진다는 점에서 사회통합을 가져올 수 있다. 다섯째로 공공선의 면을 보면, 정당의 영향력으로 공공선 추구에 어려움이 따르는 것이 아니라, 독립적인 판단과 다양한 대표들의 시민의회 진입으로 집단지성을 발현함으로써 공공선 추구에 적합할 수 있다. 추첨으로 구성하더라도 그 구성원들 역시 특정 정당의 당원이거나 지지자일 수 있겠지만 국회의원처럼 정당 소속감이 강하거나 다음 공천을 위해서 소속 정당의 입장에 절대적으로 따를 필요가 없다는 점에서, 좀 더 정치적 계산에서 벗어나 공공선에 부합하는 논의를 도출할 수 있다. 여섯째로 합리성의 면을 보면, 과학적 사회통계기법으로 사회 전체를 있는 그대로 반영하는 시민의회를 구성할 수 있다. 끝으로 시민 덕성의 면에서 보면, 정치참여가 투표참여로 한정되지 않고 직접 참여의 기회가 보장됨으로써 민주적 시민 덕성의 발달을 촉진할 수 있다. 정치적 결정에 직접 참여해 다른 구성원들과 심의 과정을 함께 하는 자체가 시민교육의 장으로서 기능할 것이며, 일련의 과정을 실시간 중계를 통해 그리고 시민의회 홈페이지를 통해 공개함으로써 시민들 역시 내 주위의 평범한 사람들이 정치에 참여하는 과정을 지켜보고 관심을 갖는 자체가 훌륭한 시민교육의 장이 될 수 있다.

2. 추첨시민의회 비판과 반론[192]

추첨시민의회의 '유능성' 문제는 책임감과 함께 이에 반대하는 대표적 논의가 될 것이다. 즉, 추첨이라는 방식으로 능력이나 경험도 없는 사람까지 선택함으로써 사회적 효율성의 상당한 손실을 이끌 수 있으며, 사회적으로 피해가 막심할 것이라는 반론이다(Engelstad 1989, 31~33). 추첨을 통해 미니공중 차원의 시민의회를 구성할 경우, 아무런 검증 없이 선발된 무능한 시민의원들로 인해 문제가 될 수 있다는 논리다. 즉, 추첨은 탁월성이나 우수성에 기반을 둔 선택의 원리에 모순되며 불안정하고 비합리적이기 때문에 일반적으로 정부의 전문적인 업무에 부적당하다는 주장이다(Dowlen 2009, 301). 이러한 인식들은 결국 정치는 '탁월'한 사람에 의해서 이루어져야 한다는 입장을 견지하는 것으로, "정치는 하나의 전문 분야이고 특별한 전문 기술을 요하기 때문에 전문가들을 위해 두어야 한다는 견해"(플라톤 1995)와도 닿아 있다.

그러나 추첨을 통해 시민의회를 구성할 경우 선출된 의원들이 무능할 수 있다는 가정은 타당하지 못하다. 이러한 가정 자체는 다음 이유들로 성립할 수 없다. 첫째, 이러한 전제는 단지 어떤 사람만이 능력이 있다는 믿음으로부터 출발한다는 점에서 이는 민주주의의 규범적 측면

---

[192] 이지문(2012, 281~294)을 정리하였다.

에서 볼 때 수용할 수 없는 내용이다. 왜냐하면 일부 사람에게만 선천적으로 도덕적·지적 우월성이 부여된 것은 결코 아니며 만인은 그 능력과 천성에 있어서 같다는 전제에서 치자와 피치자의 동일성이라는 민주주의 원리가 도출되기 때문이다(김하룡 외 1982, 204). 달은 "성인 대부분이 자신을 통치하기에 적절한 능력을 가지고 있다. 즉, 전체적으로 고려할 때 모든 구성원은 그들의 선과 이익에 중요한 영향을 미치는 집합적 결정에 참여할 능력을 충분히 가지고 있다. 어떤 경우이든 누구도 구속력 있는 집합적 결정을 내리도록 위임될 만큼 다른 사람들에 비해 명확히 나은 능력을 가지고 있지는 않다"라는 '강한 평등의 원칙'이 민주주의의 토대이며(달 2008, 197) "대체로 일반 시민들은 그에게 중요하다고 느껴지는 결정에 언제 그리고 얼마나 참여할 것인가를 정하는 데 있어서 그 누구보다도 유능하다고 믿는다면, 정치적 평등과 민주주의를 택하게 될 것이 분명하다"(달 1981, 46)라고 단언하면서 능력이 특정한 이들에게만 있다고 전제하는 것은 민주주의가 아니라는 입장을 개진한다. 따라서 특정인들만 유능하기 때문에 추첨을 통한 시민의회를 부정하는 것은 결과적으로 민주주의를 부정하게 되는 것이다.

둘째, 설령 도구적·기술적 능력에 있어서 유능한 이들이 존재한다고 하더라도 도덕적 능력까지 구비하는 것은 아니라는 점이다. 특히 사회적 이슈에 대한 결정은 단지 도구적 판단뿐만 아니라 도덕적 판단까지 요구한다는 점을 간과해서는 안 된다. 엘리트들이 어떤 것이 공공선인가에 대한 도덕적 지식을 가지고 있다고 주장할 지적 근거를 제시할 수는 없다(달 2008, 626). 롤스(Ralws 1971, 505ff)가 그의 정의론 전체 체계를 인간은 도덕적이라는 점에서, 즉 무엇이 정의로운가에 대한 타당한 지각에 이르는 능력에 있어서 근본적으로 동등하다는 가정 위에 둔 것처럼 적절한 수준의 도덕적 능력은 인간들에게 광범위하게 주어져 있다. 사회적 이슈 결정과 같은 정치적인 의사결정은 과학과 수학에서처럼 정확한 답이 존재하는 것이 아니다. 이는 가치, 관심, 목적에 대한 판단이며 아울러 만족되어야만 하는 가치, 관심, 목적은 전체 국민의 것으로 특정 정당의 것이 아니기 때문에 국민 전체의 목소리로 결정되어야 한다는 점에서 오히려 추첨을 통한 시민의회의 의의가 있는 것이다. 또한 교착상태에 빠진 사회적 이슈 결정의 경우 실천이성의 힘으로 공정한 심의가 가능하다는 점이다. 논의가 교착상태에 빠지곤 하는 것은 그 문제 자체를 파악하는 사변적 이성의 힘이 부족해서가 아니라, 그 문제에 얽힌 이해관계나 당파성이 대립해 공공성의 기준이 제대로 설 수 없기 때문이다. 이러한 상황에서는 이상적인 수준에 접근하는 공정한 심의는 사실상 불가능하다. 결국 공적 의제에 관한 논의에서는 사변 이성보다는, "모든 인간에게 평등하게 있는 실천이성의 힘"(Kant 1964 ; 1993)을 바탕으로 한 공정한 심의가 가장 충실하게 구현될 수 있는 조건을 구현한다(김상준 2007, 160).

셋째, 도구적 능력의 경우도 심사숙고할 시간과 정보의 문제라는 점이다. 민주주의 시각에서 시간적 여유를 갖고 충분한 정보를 갖추고 심사숙고해서 결정하게 되면 충분히 의미 있는 의사결정을 할 수 있다고 본다(주성수 2006, 84). 또한 시민들에게 정보와 권한이 주어진다면 시민들은 대표자들보다도 더 현명한 판단을 내릴 수도 있다고 주장된다(민주화운동기념사업회 2010, 208). 2008년 1월 1일부터 시행하고 있는 국민참여재판 제도 실행 사례를 통해서 일정 부분 그 답을 찾을 수 있다. 2년 동안 시행된 국민참여재판을 평가한 대법원 자료를 보면 배심원의 평결 결과가 판결 결과와 90.6% 일치하였으며, 항소심 파기율은 27.9%로 같은 기간 일반 사건의 원심 파기율 41.5%보다 낮았다는 것에서도 알 수 있듯이 일반 국민이 배심원으로서 상식에 기초해 내린 판단이 전문적인 법률 지식을 갖춘 법관의 판단과 큰 차이가 없음을 확인할 수 있으며, 무엇보다도 95.1%의 배심원이 직무수행에 만족하였다(대법원 뉴스레터 2010/03/25 ; 서울신문 2009/12/15). 비록 배심원들 중 한 명 또는 두 명이 무능력하거나 편견이 있다고 하더라도, 공정한 역할을 보장하기에 충분한 정직한 다른 구성원들이 있을 것이다. 또한 전체로서는 전문 지식이 부족할 수 있지만, 산업화된 국가에서 대부분 배심원들은 상당한 지식, 기술, 판단을 가진 사람을 포함하며 때때로 과학, 교육, 경제 또는 정책 등의 영역에서 기술 소유자들을 포함하기도 한다. 다양한 분야의 시민의원들이 서로 토론을 통해 결정에 이르는 것은 정당의 입장을 대변하는 의원들이나 정당에서 추천한 전문가들이 가질 수 없는 장점이다. 또한 기획배심 사례에서 보면 다양한 배경과 이해관계를 지닌 시민들이 토론하여 내린 결정과 제안들은, 한 분야에는 정통할 수 있겠지만 그 때문에 편협한 시각을 가질 가능성이 높은 전문가들의 제안보다 현실적이며 창의적이고 또 사회적으로도 수용 가능한 것들이 많았다. 이해관계가 첨예하게 대립되는 갈등 상황에서 적용된 경우에는 정책결정의 최종 수혜자인 시민은, 전문가나 로비에 좌지우지될 수 있는 정치가의 결정보다 특정한 이해관계를 대표하지 않고 무작위로 선정된 시민의 논의를 통해 제시한 대안에 더 공감하는 경향을 보였다. 이와 함께 시민들이 이미 수립된 정책의 홍보 대상으로 머물지 않고 정책결정 과정의 참여자 역할을 해볼 기회를 많이 가질수록 사회에 대해서 갖는 신뢰도가 높아지고, 시민들과 정책결정권자들 사이의 간극이 좁혀지는 효과가 있을 수 있다(정광진 2002, 150-174).

넷째, 교육 수준이 높아져 모든 사람이 교양과 상식을 갖는 지적 수준을 확보하고 있다는 점에서, 추첨으로 선택되는 시민의회의 수준이 낮을 것이라고 단정할 필요가 없다. 잉글하트(Inglehart 1990 ; 1999 ;

2000)는 서구 주요국의 동향을 분석하며 지난 반세기 동안 진행된 급진적인 교육 수준의 상승은 시민들이 정치 활동에 필요한 참여의 기술을 향상시켜주며, 시민과 엘리트 사이의 정치 기술의 불균등 배분에 균형을 유지하도록 해준다고 보았다. 또한 후기 산업 시대의 직업기술 향상과 정치 정보의 획득 및 이용 편의 역시 시민참여의 유리한 조건으로 제시하였다.

끝으로, 문제가 있는 사람이 포함될 수 있지만 충분히 상쇄할 수 있다는 것이다. 분명 능력 면에서 문제가 있을 수 있는 사람들이 선택될 가능성이 상존하겠지만 이와 반대로 사법배심에서 때때로 과학, 교육, 경제 또는 정책 등의 영역에서 상당한 기술을 가진 사람들이 포함되는 것처럼 시민의회하에서도 특정 분야의 도구적 능력에서 우수한 이들이 시민의원이 될 수 있다는 점 역시 있을 수 있다.

함께 추가로 논의하고자 하는 것이 '책임성' 문제다. 추첨을 통한 시민의회를 반대할 수 있는 논리 중 하나가 추첨으로 선택된 이들은 아무런 노력도 없이 선택된 것이기 때문에 의정 활동에 전념할 의무감, 사회적 책임감을 느끼지 않을 수 있다는 주장이 있다(Carson & Martin 1999, 23 ; Engelstad 1989, 32). 이것이 전적으로 잘못되었다고 볼 수는 없지만, 앞서 살펴본 유사 사례를 통해서 일반 시민들의 책임감을 확인할 수 있다. 캐나다 브리티시컬럼비아 선거개혁시민의회의 경우는 11개월이라는 기간 동안 161명의 구성원 중 오직 1명만이 중도 하차하였고, 출석률은 거의 100%에 가까웠다. 이와 함께 시민의회는 참여한 시민들이 어려운 이슈에 대하여 높은 수준의 능숙함을 발전시켜나가는 것을 확인할 수 있었다(Ferejohn 2008, 192~213). 또한 구성원들은 새로운 개념과 기술을 배우는 데 인상적인 헌신과 토론에서 보여준 서로에 대한 존경심을 통해 고양된 시민권의 질을 보여주었다는 점에서 일반 시민들에 중요한 직무가 주어졌을 때 책임감 없게 행동할 것이라고 단정할 필요는 없을 것이다. 따라서 추첨으로 선택된 시민들의 책임성을 낮게 평가할 이유가 없을 것이다(Citizens' Assembly on Electoral Reform. 2004). 이 점에서 막연하게 일반 시민들이 책임감이 없을 것이라고 단정하기 전에, 바버(1984, 348)의 "책임감을 이행하려면 시민에게 책임이 주어져야 한다"라는 논의처럼 책임감 역시 참여할 기회가 주어질 때 증진될 수 있을 것이라는 점을 생각해보아야 한다. 시민 또는 참가자들을 끌어들이는 힘은, 그들의 노력이 정책 결정 과정에서 진지하게 받아들여질 것이라는 확고한 믿음에서 나오는 것이라고 할 수 있다. 즉, 시민들의 심의가 시민참여라는 구색 맞추기나 속임수에 그치지 않을 것이라는 믿음을 주어야 하는 것이다. 캐슬린과 마틴은 시민참여에 대한 그들의 연구를 종결지으면서, "참여가 과연 긍정적인 결과를 낳을 수 있는지를 결정하는 데 국민들은 개입된 시간, 사안의 중요성, 사안에 대한 그들 자신의 개인적 지식과 역량, 그리고 그들의 의견이 무언가 다른 결과를 가져올 수 있을 것이라는 기대감 같은 것을 고려하고 있다"(Kathlene & Martin 1991, 47~8)고 결론을 내리고 있다(DeLeon 1997, 115).

3. 한국에서 추첨시민의회 성공 가능성[193]

오랜 민주주의 역사와 전통을 가진 선진 민주주의국가에서도 이제 몇 차례 시행 사례가 나오고 있는 추첨시민의회를 도입하자고 논의하는 것은, 자칫 현실에 부합하지 않는 '주장을 위한 주장'이라는 비판을 받

---

193 이지문(2012, 455~464)을 요약 정리하였다.

을 수 있다. 따라서 한국 사회가 추첨시민의회를 도입할 수 있는 여건이 되는지, 그리고 제대로 작동할 수 있는 기반을 갖고 있는지 살펴보는 것은 매우 중요하다. 과연 한국이 추첨시민의회를 도입할 수 있는 조건을 갖추었는지, 그리고 도입하였을 때 성공할 수 있는 근거들이 있는지 심도 있게 살펴보도록 하자.

구체적으로 살펴보기에 앞서 한 가지 중요한 사실을 상기할 필요가 있다. 바로 한국이 1987년을 기점으로 '민주화'를 이루었기 때문에 현실적으로 추첨시민의회 도입이 가능하다는 점이다. 추첨시민의회의 가장 큰 장점이면서도 위험 요소가 될 수 있는 부분은 바로 '공정성'이다. 추첨이 공정하게 이루어지지 않고 정치권력에 의해서 조작되고 왜곡될 가능성이 존재한다면 추첨시민의회의 폐해는 선거 부정 이상의 심각한 문제를 야기할 수 있다. 따라서 최소한 추첨의 공정성이 확보되었을 때 추첨시민의회의 도입을 논의할 수 있다. 바꾸어 말하면, 한국은 정치권력이 추첨 과정에 개입하여 부정을 저지르기 어려울 정도의 '민주화'를 이루었으며 자유국가로 인정받고 있다는 사실은 추첨시민의회를 도입할 최소한의 필요조건을 확보하였다고 볼 수 있는 근거이다.

이제 보다 구체적인 근거를 살펴보자. 먼저 높은 교육 수준이다. 이는 낮은 문맹률과 높은 대학 진학률을 통해서 확인할 수 있다. 성인의 비문해율(非文解率, 문맹률)은 2008년 기준 1.7%(62만 명 추정)로 30여 년 전에 비해 대폭 낮아진 것으로 조사되었으며 특히 40대 이하는 0%인 것으로 확인된다(서울경제신문 2008/12/24). 국제연합개발계획(United Nations Development Programme)의 2007/2008년 리포트 통계에서도 한국의 문맹률은 1.0%에 불과한 것으로 조사된 바 있다.[194] 또한 대학

---

194 United Nations Development Programme, Human Development Report 2007/

진학률은 2010년 기준으로 추계했을 때 78.0%에 이를 정도로 높은 수치를 보여주고 있는데, 이는 20년 전인 1990년의 추계치 31.7%와 비교했을 때 두 배 이상 증가한 것이다. 2010년 OECD 교육지표 발표에 따르면, 대학 졸업 연령대를 전후한 25세에 34세까지의 대졸 학력 비율이 58%로 세계 1위였다. 뉴스위크(Newsweek)의 2010년 8월 '세계 최고의 나라' 지수 발표에서 한국은 '문자 해독률'과 '평균 학교교육 기간'으로 평가되는 교육 부문에서 핀란드에 이어 2위를 기록하기도 하였다(김명전, 2011/05/30). 물론 단순히 문맹률을 벗어난 상태만으로는 민주주의의 성공을 기대할 수 없다고 한 브라이스(Bryce 1921, 74)의 지적에서 알 수 있듯이 문자해득력과 높은 대학 진학률이 곧 추첨시민의회의 성공을 보장하지는 않는다. 그러나 급진적인 교육 수준의 상승은 시민들이 정치활동에 필요한 참여의 기술을 향상시켜주며, 시민과 엘리트 사이의 정치기술의 불균등 배분에 균형을 유지하도록 해준다(Inglehart 1990, 1999, 2000). 이런 점에서 높은 평균의 지적·교육 수준은 추첨으로 선택되는 의원들의 능력에 대해 의구심을 갖고 도입을 반대하는 주장에 대해 최소한의 반론의 근거가 될 수 있다.

둘째, 시민항쟁을 통한 민주화 성취 경험이다. 한국 시민들의 정치적 역동성과 폭발성은 상당하며 언제든지 분출될 수 있는 힘을 갖고 있다. 이승만을 퇴진시킨 4·19 혁명부터 부마항쟁과 광주항쟁을 거쳐 6월항쟁으로 완수된 반독재민주화운동은 세계사적으로 유래가 없을 정도이다. 또한 2016~2017년 촛불집회를 통해 대통령 탄핵을 이끌어낸 역사적 경험을 갖고 있다. 이러한 민주적 자산은 한국 민주주의가 반작용으로 나아갈 때 작용의 역할을 할 수 있는 시민이 건재함을 확인한 공동

2008.

의 기억으로서 추첨시민의회 도입의 핵심적 기반이 될 것이다.

셋째, 정치사회에 대한 높은 관심이다. 온라인 참여지수에서 확인되는 '참여의 혁명'은 이익집단과 시민사회단체들의 증가, 여기에 참여하는 시민들의 봉사활동, 시위, 불매운동, 온라인 참여 등 비관례적 참여의 폭증을 보여준다. 우리 사회에 대한 시민적 관심이 결코 낮지 않다는 증거이다. 이정복(2003, 1~56)은 "한국 정치문화는 높은 정치적 관심도, 낮은 정치참여도, 높지 않은 정치적 영향 등을 오래 전부터 가지고 있었다"고 지적한 바 있다. 시민들은 높은 정치적 관심을 갖고 있지만 선거 이외에 시민의 목소리를 제도적으로 수용하는 공간이 부족했을 뿐 아니라 기존 정치에 대한 불신과 정치 효능감 부족으로 인해 관례적 참여가 낮게 나타났다는 것이다. 그러나 2000년대 이후 수차례의 촛불시위로 알 수 있듯 시민들의 정치적 관심은 직접적인 행동을 동반하며, 정치적 영향력을 요구하는 방향으로 나아가고 있다. 이런 점에서 추첨시민의회는 시민들의 정치적 관심과 참여를 제도적으로 결집시키고, 정책결정 권한을 부여받은 공론장으로 기능할 수 있다.

4. 마무리

루소와 칸트는 각각 "덕성이 좋은 제도를 세우는 것이 아니라 좋은 제도가 덕성을 기른다", "오직 좋은 정체를 통해서만 사람들이 도덕적 문화의 높은 수준을 유지할 수 있게 되는 것이다"라고 주장한 바 있다(김상준 2009, 297). 이들의 가르침에서 알 수 있듯 민주주의 공동체를 살아가는 시민은 주인의식을 가지고 직접 의사결정 과정에 참여하는 경험을 필요로 한다. 이 경험을 통해 시민은 자신들이 살아가는 정치체에 대해 학습하고, 시민 덕성을 함양하며, 공적인 신뢰 문화를 창출한다. 시민들에게 민주시민으로서의 미덕과 능력을 함양할 기회를 제공하지 않는다면 신뢰와 참여의 공동체 문화 역시 기대할 수 없다. 이는 "민주주의 사회의 병폐를 치유하는 방법은 바로 민주주의를 더욱 강화하는 것"이라는 듀이(Dewey 1927, 146)의 지적이나, "실천을 통해서만 민주주의를 교육할 수 있다는 점에서 결국 민주주의가 민주주의를 육성한다"라는 바버(1992, 348 : 387)의 발언을 통해서도 명쾌하게 정리된다. 이러한 점에서 추첨시민의회는 민주주의를 강화하는 제도로서 그 유용성을 기대할 수 있다.

추첨시민의회라는 제안은 학계뿐만 아니라 정치권, 시민사회에서도 주요 이슈로 아직 다루어지지 않았기 때문에 생소하게 느껴지기 쉽다. 또한 앞서 언급한 것처럼 전 세계적으로 실현된 사례가 드물기 때문에 유능성과 책임성 차원에서의 비판이 있을 수 있다. 그럼에도 불구하고 촛불로 발현된 광장 민심의 제도화를 위해, 다양한 사회경제적 배경을 가진 시민들의 자기 통치라는 획기적인 민주주의 모델을 구현하기 위해, 그리고 이를 통해 민주주의와 헌법 정신에 보다 부합하는 사회를 실현하기 위해, 추첨시민의회에 대한 건설적인 논의의 장이 열리기를 기대한다.

참 고 문 헌
참 고 사 이 트
부　　　록
Footnotes

강석찬. 2008. 『민주주의 이상과 현실』. 개정판. 서울 : 건국대학교 출판부.

김경희. 2009. 『공화주의』. 서울 : 책세상.

김경희 · 김동규. 2006. 역자 서문. 비롤리, 김경희 · 김동규 역 『공화주의』. 고양 : 인간사랑.

김명전. 「실업시대, 국가란 무엇인가?」. 장흥신문. 2011/05/30.

김문주. 2007. 「국민직접정치가 가능한 시대 대담」. 김문주 외. 『새로운 사회를 여는 상상력』. 서울 : 시대의 창.

김상준. 2007. 「헌법과 시민의회」. 함께하는시민행동 『헌법 다시보기』. 파주 : 창비.

김상준. 2009. 『미지의 민주주의』. 서울 : 아카넷.

김용욱. 2002. 『정치학 - 이슈와 성찰』. 서울 : 법문사.

김의영. 2005. 「결사체 민주주의에 대한 소고」. 『한국정치학회보』 제39집 제3호.

김의영 · 이지문. 2015. 『시민참여적 지역사회 거버넌스 사례를 통해 본 국회입법과정상 시사점 연구』. 국회입법조사처.

김종서. 2008. 「국민주권과 소환제」. 『모든 권력은 국민으로부터 나오는가? - 국민소환제, 국민투표, 의원추첨제 시민토론회』. 서울. 6월.

김하룡 · 한배호 · 김용기 · 서진영 · 강성학. 1982. 『정치학원론』 개정판. 서울 : 박영사.

대법원 뉴스레터 제58호 (20109년 3월 25일자). 「대법원, 시행 2년을 맞이한 국민참여재판에 대한 업무성과 분석」.

대화문화아카데미 편. 2016. 『대화문화아카데미 2016 새헌법안』. 서울 : 대화문화아카데미 대화 출판사.

문지영. 2009. 『자유』 서울 : 책세상.

민주화운동기념사업회 교육사업국. 2010. 『시민교육 현장 지침서』 서울 : 민주화운동기념사업
회.

박동천. 2000. 『선거제도와 정치적 상상력』. 서울 : 책세상.

박명림. 2009. 「민주주의와 헌정주의」. 민주화운동기념사업회 연구소편 『민주주의 강의 3, 제
도』. 서울: 민주화운동기념사업회.

서복경. 2009. 「의회와 민주주의」. 민주화운동기념사업회 연구소편 『민주주의 강의 3, 제도』.
서울 : 민주화운동기념사업회.

서울경제신문. 2008/12/24. 「성인 남녀 문맹률 1.7퍼센트로 크게 낮아져」.

서울신문. 2009/12/15. 「도입 2년, 국민참여재판 성과와 한계」.

손우정. 2008. 「추첨을 통한 위임 권력 창출」. 『모든 권력은 국민으로부터 나오는가? - 국민소
환제, 국민투표, 의원추첨제 시민토론회』. 서울. 6월.

신용인. 2017. 「제주특별자치도 민회(읍면동 지역대표형 상원)에 관한 고찰」. 『제주주민자치포
럼 등 주최, 상상하라, 새로운 주민자치 토론회』. 제주. 3월.

안병진. 2007. 「공화주의와 민주주의」. 민주화운동기념사업회 연구소 『민주주의 강의 2, 사상』.
서울 : 민주화운동기념사업회.

안성호. 2017. 「지역대표형 상원제도의 설계」. 『양원제 개헌을 통한 지역격차 해결 및 지방분권
토론회』. 서울. 2월.

양진석. 2006. 「한국 민주주의의 위기와 그 대안: 심의민주주의 이론을 중심으로」. 연세대학교
사회과학연구소 편 『한국의 사회개혁과 참여민주주의』. 서울 : 도서출판 서울경제경영.

염정민. 2005. 「풀뿌리민주주의의 조건과 가능성」. 한양대학교 제3섹터연구소 편. 『시민사회와
NGO』 제3권 제2호.

오현철. 2006. 「토의민주주의: 이론과 과제」. 주성수 · 정상호 편저. 『민주주의 대 민주주의』. 서
울 : 아르케.

오현철. 2007. 「국민주권과 시민의회」. 『헌법 다시 보기』. 파주 : 창비.

오현철. 2009. 「민주주의의 새로운 주체: 작은공중(minpublics)을 중심으로」. 한양대학교 제3섹

터연구소 편 『시민사회와 NGO』 제7권 제2호.

오현철. 2010. 「토의민주주와 시민의회: 브리티시컬럼비아 사례를 중심으로」. 한양대학교 제3섹터연구소 편 『시민사회와 NGO』 제8권 제2호.

오현철 · 강대현. 2013. 「교육정책 결정에 적합한 의사결정 모형 탐색: 정부 주도 및 이익집단 경쟁에서 시민의회 모형으로」. 한국사회과교육학회 편. 『시민교육연구』 제45권 4호.

윤종빈. 2008. 「대의민주주의의 위기와 직접민주주의」. 『국회도서관보』 8월호.

이동수. 2005. 「대의제 민주주의의 위기: 마냉의 논의를 중심으로」. 한양대학교 제3섹터연구소 편. 『시민사회와 NGO』 제3권 제1호.

이동수. 2010. 「총론: 민주주의의 흐름과 도전」. 민주화운동기념사업회 편. 『민주주의 강의 4 현대적 흐름』. 서울 : 민주화운동기념사업회.

이정복. 2003. 「한국의 정치문화: 전통성, 현대성 및 탈현대성」. 서울대학교 한국정치연구소. 『한국정치연구』 제12집 제1호.

이지문. 2011. 「한국 민주주의의 질적 고양을 위한 추첨제 도입 방안 연구」. 연세대학교 대학원 박사학위논문.

이지문. 2012. 『추첨민주주의 이론과 실제』. 파주 : 이담북스.

이지문. 2017a. 「광장정치와 제도정치의 보합으로서 추첨시민의회 모색」. 한국NGO학회. 『NGO연구』 제12권 제1호.

이지문. 2017b. 「추첨민회 도입을 통한 양원제 개헌 모색」. 한국사회이론학회. 『사회이론』 제51호.

장동진. 2001. 『현대자유주의 정치철학의 이해』. 파주 : 동명사.

정광진. 2002. 「시민자문위원원」. 참여연대사회과학센터 엮음. 『과학기술 · 환경 · 시민참여』. 서울 : 한울.

정상호. 2006. 「결사체민주주의의 원리와 쟁점」. 주성수 · 정상호 편저. 『민주주의 대 민주주의』. 서울 : 아르케.

정철현. 2006. 「우리나라 전자정부 추진과 전자민주주의」. 최연식 외 『한국의 사회개혁과 참여민주주의』. 서울 : 도서출판 서울경제경영.

정해구. 2009. 「대의민주주의의 발전과 한계」. 민주화운동기념사업회 연구소편. 『민주주의 강의 3, 제도』. 서울 : 민주화운동기념사업회.

조영재. 2006. 「전자민주주의: 논쟁, 현실, 전망」. 주성수 · 정상호 편저. 『민주주의 대 민주주의』. 서울 : 아르케.

조희연. 2006. 「대안담론과 '생태평화 사회민주주의'」. 신영복 · 조희연 편. 『민주화 · 세계화 이후 한국 민주주의의 대안 체제 모형을 찾아서』. 서울 : 함께읽는책.

주성수. 2005. 「풀뿌리민주주의의 이론적 기초」. 한양대학교 제3섹터연구소 편. 『시민사회와 NGO』 제3권 제2호.

주성수. 2006. 『시민참여와 민주주의』. 서울 : 아르케.

주성수. 2009. 『직접민주주의 : 풀뿌리로부터의 진화』. 서울 : 아르케.

진영재. 2010. 『정치학총론』. 서울 : 연세대출판부.

최장집. (2002) 2008. 『민주화 이후 민주주의』 제2판. 서울 : 후마니타스.

다비트 판 레이브라우크. 2016. 『국민을 위한 선거는 없다』. 양영란 옮김. 서울 : 갈라파고스.

달, 로버트. 2008. 『민주주의자와 그 비판자들』. 조기제 옮김. 서울 : 문학과 지성사.

달, 로버트. 1981. 『현대위기와 민주혁명』. 한완상 · 이재호 옮김. 서울 : 탐구당.

달, 로버트. 2006. 『민주주의』. 김왕식 · 장동진 · 정상화 · 이기호 옮김. 서울 : 동명사.

마넹, 버나드. 2007. 『선거는 민주적인가』. 곽준혁 옮김. 서울 : 후마니타스.

바버, 벤자민. 1992. 『강한 민주주의』. 박재주 옮김. 서울 : 인간세상.

비롤리, 모리치오. 2006. 『공화주의』. 김경희 · 김동규 옮김. 고양 : 인간사랑.

올리어리, 케빈. 2014. 『민주주의 구하기』. 이지문 옮김. 파주 : 글항아리.

칼렌바크, 어니스트 · 필립스, 마이클. 2011. 『추첨 민주주의』. 손우정 · 이지문 옮김. 서울 : 이매진.

파렐, 데이비드. 2012. 『선거제도의 이해』. 전용주 옮김. 파주: 한울

플라톤. 1995. 『플라톤의 국가론』. 최현 옮김. 서울 : 집문당.

헬드, 데이비드. 1993. 『민주주의의 모델들』 제5판. 이정식 옮김. 고양 : 인간사랑

헬드, 데이비드. 2010. 『민주주의의 모델들』. 박찬표 옮김. 서울 : 후마니타스.

Aitamurto, Tanja. 2012. "Crowdsourcing for democracy: A new era in policy-making".

Ancheta, Angelo N. 2014. "Redistricting Reform and the California Citizens Redistricting Commission." Harv. L. & Pol'y Rev. 8

Aristotle. 1981. Politics. Harmondsworth : Penguin.

Aristotle. 2010. The Constitution of Athens. trans. Frederic G. Kenyon. The Internet Classics Archive.

Barber, B, R. 1984. Strong Democracy : Participatory Politics for a New Age, Berkeley : University of California Press.

Barnett, A. and Carty, P. 2008. The Athenian Option - radical reform for the House of Lords. London : Imprint Academic

Berry, J., Portney, K., and Thompson, K. The Rebirth of Urban Democracy. (Washington, D.C. : Brookings Institution, 1993).

Blokker, Paul. "Grassroots Constitutional Politics in Iceland." (2012).

British Columbia Citizens' Assembly on Electoral Reform. 2004. Making Every Vote Count : The Case for Electoral Reform in British Columbia. British Columbia, Canada.

Bryce, J. 1921. Modern Democracy, Vol. 1. New York : Macmillan.

Buchstein, H. and Hein, M. 2010. Randomizing Europe. Delannoi, G. and Dowlen, O. Sortition. 119~153. London : Imprint Academic.

Cain, Bruce E. 2011. "Redistricting commissions: a better political buffer." Yale LJ 121

Callenbach, E. and Phillips, M. A. 2008. Citizen Legislature. London : Imprint Academic.

Carolan, Eoin. 2015. "Ireland's Constitutional Convention: Behind the Hype about Citizen-led Constitutional Change." International Journal Of Constitutional Law 13.3.

Carson, L and Martin, B. 2008. Random secltion in politics. Westport, CT : Praeger Publishers.

Carty, R. Kenneth. 2005. Turning voters into citizens : The Citizens' Assembly and Reforming Democratic Politics. Democracy and Federalism Series 2005 (3).

Chambers, Simone. 2007. Quantity vs Quality : Dilemmas of Mass Democracy. Center for the Study of Democratic Institutions Working Paper, Citizen Engagement 3.

Dahl, R. A. 1989. Democracy and its critics. Yale University Press.

Dahl, R. A. 1970. After the revolution? : authority in a good society. Yale University Press New Haven and London.

de Londras, Fiona, and David Gwynn Morgan. 2013. "Constitutional amendment in Ireland." Engineering Constitutional Change. A Comparative Perspective on Europe, Canada and the USA. London and New York: Routledge.

DeLeon, P. 1997. Democracy and The Policy Sciences. New York : State University of New York Press.

Dessi, Giulia. 2013. "The Icelandic constitutional experiment." constitution 11.

Dewey, John. 1927. The Public and its Problems. New York: Holt.

Dowlen, O. 2008a. The political potential of sortition. London : Imprint Academic.

Dowlen, O. 2008b. Sorted : Civic Lotteries and the Future of Public Participation. Toronto : MASS LBP.

Dowlen, O. 2009. Sorting out sortition : a perspective on the random selection of political officers. Political Studies Vol 57.

Eliasoph, Nina. 1998. Avoiding politics: How Americans produce apathy in everyday life. Cambridge, UK and New York, NY, USA : Cambridge University Press.

Elster, Jon. 2012. "The optimal design of a constituent assembly." Collective Wisdom: Principles and Mechanisms.

Engelstad, F. 1989. The Assignment of Political Office by Lot. Social Science Information 28. 23-50.

Farrell, David M., Eoin O'Malley, and Jane Suiter. 2013. "Deliberative democracy in action Irish-style: The 2011 We The Citizens pilot citizens' assembly." Irish Political Studies 28.1.

Farrell, David M. 2014a. "Stripped down'or reconfigured democracy." West European Politics 37.2.

Farrell, David M. 2014b. "Deliberative Democracy, Irish Style." Inroads 34.

Ferejohn, J. 2008. Conclusion : The Citizens' Assembly Model. Designing Deliberative Democracy: The British Columbia Citizens' Assembly, eds. Mark E. Warren and Hilary Pearse. 192-213. Cambridge : Cambridge University Press.

Fillmore-Patrick, Hannah. 2013. "The Iceland experiment (2009-2013): a participatory approach to constitutional reform." DPC Policy Note 2.

Finley, M. 1973. Democracy Ancient and Modern. London : Chatto and Windus.

Freeman, Julie. 2013. "E-Government and Monitory Democracy: Iceland's Crowdsourced Constitution."

Goodin, R. E. and Dryzek, J. S. 2006. Deliberative impacts: the macro-political uptake of mini-publics. Politics & Society, 34(2).

Gylfason, Thorvaldur. 2013. "From collapse to constitution: The case of Iceland." Public Debt, Global Governance and Economic Dynamism. Springer Milan.

Hansen M. H. 1991. The Athenian democracy in the age of Demosthens. Oxford : Basil Blackwell.

Headlam, J. W. 1933. Election by lot at Athens. Cambridge : Cambridge University Press, first edn 1891.

Inglehart, R. 1990. Culture Shift in Advanced Industrial Society. Princeton : Princeton University Press.

Inglehart, R. 1999. Postmodernaization Erodes Respect for Authority, but Increase Support for Democracy. Norris, P. ed. Critical Citizens : Global Support for Democratic Government. 236-56. Oxford : Oxford University Press.

Inglehart, R. 2000. Postmaterialist Values and the Erosion of Institutional Authority. Nye J. Zelikov, P., and King, D. eds. Why People Don't Trust Government? Cambridge : Harvard University Press.

Democracy, opposition, and the new constitutional order." Politics & Society 23.3.

Kant, Immanuel. 1964. Groundwork of the Metaphysic of Morals. New York : Harper Torchbooks.

Kant, Immanuel. 1993. Critique of Practical Reason. trans. Lewin White Beck. New York : Macmillan.

Kathlene, Lyn, and Martin John A. 1991. Enhancing Citizen Participation : Panel Designs, Perspectives, and Policy Formation. Journal of Policy Analysis and Management. Vol. 10, No. 1 (Winter).

Krouse, Richard. W. 1983. Classical Images of Democracy In America: Madison and Tocqueville. G. Duncan, ed. Democratic Theory and Practice. Cambridge :

Cambridge University Press.

Landemore, Hélène. 2015. "Inclusive Constitution-Making: The Icelandic Experiment." Journal of Political Philosophy 23.2.

Lang, Amy. 2007. But Is It for Real? The British Columbia's Citizens's Assembly as a Model of State-Sponsored Citizen Empowerment. Politics & Society, vol.35, No.1. March 2007.

LeDuc, Lawrencec . Bastedo, Heather and Baquero, Catherine. 2008. "The Quiet Referendum: Why Electoral Reform Failed in Ontario." Prepared for the annual meeting of the Canadian Political Science Association. University of British Columbia, June.

Leib. E. J. 2004. Deliberative Democracy In America: A Proposal For A Popular Branch Of Government. The Pennsylvania State University Press.

Luz, Nuno, et al. 2015. "Defining human-machine micro-task workflows for constitution making." International Conference on Group Decision and Negotiation. Springer International Publishing.

Mattson, K. 1998. Creating a Democratic Public. University Park : Pennsylvania State University Press.

McDonald, Michael P. 2004. "A comparative analysis of redistricting institutions in the United States, 2001–02." State Politics & Policy Quarterly 4.4.

Mossberger, K. et al. 2003. Virtual inequality : Beyond the Digital Divide. Washington, D.C. : Georgetown University Press.

Mulgan, R. G. 1984. Lot as a Democratic Device of Selection. Review of Politics 46.

O'Leary, K. 2006. Saving democracy : a plan for real representation in America. Stanford, Calif. : Stanford University Press.

Pateman, C. 1970. Participation and Democratic Theory. Cambridge : Cambridge University Press.

Pepall, John. 2010. Against Reform. University of Toronto Press.

Porter, Elisabeth. 1996. "Culture, community and responsibilities: abortion in Ireland." Sociology 30.2.

Rawls, John. 1971. A Theory of Justice. Cambridge : Harvard University Press.

Rose, Jonathan. 2007. "The Ontario Citizens' Assembly on Electoral Reform." Canadian Parliamentary Review 30.3.

Schmidt, M. 2001. Institutionalizing fair democracy. sympsium / Future 33.

Snider, J. H. 2006. Solving a Classic Dilemma of Democratic Politics : Who Will Guard the Guardians? National Civic Review (Winter).

Suiter, Jane, and David M. Farrell. 2011. "The parties' manifestos." How Ireland Voted 2011. Palgrave Macmillan UK.

Suteu, Silvia. 2014. "A New Form of Direct Democracy: Constitutional Conventions in the Digital Era.".

Suteu, Silvia. 2015. "Constitutional Conventions in the Digital Era: Lessons from Iceland and Ireland." BC Int'l & Comp. L. Rev. 38.

Sutherland, K. 2004. The Party's Over. Exeter: Imprint Academic.

Sutherland, K. 2008. A People's Parliament. Exeter: Imprint Academic.

United Nations Development Programme. Human Development Report 2007/2008.

Valtýsson, Bjarki. 2014. "Democracy in disguise: the use of social media in reviewing the Icelandic Constitution." Media, Culture & Society 36.1.

Ward, Ian. 2006. The British Columbia Citizens' Assembly on Electoral Reform. An experiment in political communication. Referred paper presented to the Australasian Political Studies Association Conference, September 2006.

Warren, Mark E. 2006. Citizen Representatives. Midwest Political Science Association National Annual Conference, Palmer House, Chicago, April 20-22.

http://archive.cabinetoffice.gov.uk/servicefirst/index/pphome.htm

California Citizens Redistricting Commission http://wedrawthelines.ca.gov/

California Secretary of State http://www.sos.ca.gov/

CBC NEWS CANADA

http://www.cbc.ca/news/canada/muzzled-by-law-hampton-rues-lack-of-info-on-
    referendum-1.641062

Citizens' Assembly (Ontario) http://www.citizensassembly.gov.on.ca

Citizens' Assembly https://www.citizensassembly.ie/

Department of Housing, Planning, Community and Local Government http://www.
    housing.gov.ie/

Department of the Taoiseach http://www.taoiseach.gov.ie/

Elections Ontario http://www.elections.on.ca

Electoral Reform Society http://www.electoral-reform.org.uk/single-transferable-vote

Fair Vote Canada http://www.fairvotecanada.org

Houses of the Oireachtas http://oireachtasdebates.oireachtas.ie/

League of Women Voters of California https://lwvc.org/

stjornlagarao 2011 http://stjornlagarad.is/english/

The Convention on the Constitution https://www.constitution.ie/

We the Citizens http://www.wethecitizens.ie/

2017년 2월 추첨민회네트워크가 입법청원한 "헌법개정안 마련을 위한 시민의회의 설치 및 운영에 관한 법률"

헌법개정안 마련을 위한 시민의회의 설치 및 운영에 관한 법률

제1조 (목적) 이 법은 국민의 자유롭고 평등한 참여와 숙의민주주의를 보장하는 시민의회를 설치하여 각계각층의 의견 수렴과 토론 과정을 거쳐 마련된 헌법개정안을 국회에 제안함으로써 헌법 제1조의 국민주권을 실질적으로 구현함을 그 목적으로 한다.

제2조 (시민의회의 설치) 헌법개정안 마련 등 업무를 독립적이고 자율적이며 공정하게 수행하기 위해 국회 소속으로 시민의회를 둔다.

제3조 (시민의회의 기능)
시민의회는 다음 각 호의 업무를 수행한다.
1. 헌법개정안에 대한 의견 수렴.
2. 헌법개정안에 대한 토론.
3. 헌법개정안의 마련 및 국회 제안.
4. 그 밖의 헌법개정안 마련에 관하여 필요한 사항.

제4조 (시민의회의 구성)
① 시민의회는 300명의 위원으로 구성한다.
② 국회의장은 위원후보예정자 명부를 작성하기 위하여 행정자치부 장관에

게 대한민국에 거주하는 만 19세 이상 국민의 주민등록 정보에서 일정한 수의 위원후보예정자의 성명·생년월일·주소 및 성별에 관한 주민등록 정보를 추출하여 전자파일의 형태로 송부하여 줄 것을 요청한다.

③ 제2항의 요청을 받은 행정자치부 장관은 30일 이내에 주민등록 자료를 국회의장에게 송부하여야 한다.

④ 국회의장은 주민등록 자료를 활용하여 위원후보예정자 명부를 작성한다.

⑤ 국회의장은 위원후보예정자 명부 중에서 필요한 수의 위원후보자를 무작위 추첨 방식으로 정하되 성, 연령, 지역이 균등하게 배분될 수 있도록 하여 위원을 선정한다. 이 경우 정수의 10배수까지 추첨으로 예비위원후보를 선정한다. 국회의장은 위원후보자의 위원직 수락 의사를 확인 후 위원으로 결정한다. 거부 의사를 밝힌 경우 차순위 예비위원후보부터 순차적으로 위원직 수락 의사 여부를 확인하여 위원을 결정한다.

⑥ 위원의 임기는 시민의회의 존속기간으로 한다.

⑦ 제1항부터 제6항까지에서 규정한 사항 외에 시민의회의 구성 등에 필요한 사항은 대통령령으로 정한다.

제5조 (시민의회 위원의 결격사유)

다음 각 호에 어느 하나에 해당하는 사람은 시민의회 위원이 될 수 없다.

1. 「국가공무원법」 제2조에 규정된 국가공무원과 「지방공무원법」 제2조에 규정된 지방공무원 중 5급 이상의 공무원. 다만 「정당법」 제22조에 따라 정당의 당원이 될 수 있는 교원은 제외한다.

2. 「공공기관의 운영에 관한 법률」 제4조에 따른 공공기관의 임원.

3. 제4조 제5항에 따른 최초의 선정일을 기준으로 최근 5년 동안 대통령, 국회의원 선거 및 지방선거의 후보자 및 예비후보자.

4. 제4조 제5항에 따른 최초의 선정일 당시 정당의 당직자.

제6조 (시민의회 의장과 부의장)

① 시민의회 의장 1명과 부의장 2명(1명은 여성)은 위원 중에서 추첨으로 선정한다.

② 시민의회 의장과 부의장의 임기는 1개월로 한다. 시민의회 의장과 부의장의 임기는 매월 1일 0시에 개시되어 그 달의 마지막 날 24시에 종료한다. 다만 초대 의장과 부의장의 임기는 선정된 직후부터 개시되어 그 달의 마지막 날 24시에 종료된다.

③ 시민의회 의장은 시민의회를 대표하고 시민의회의 직무를 통할한다.

③ 시민의회 의장이 부득이한 사유로 직무를 수행할 수 없는 때에는 시민의회 의장이 지명한 시민의회 부의장이 그 직무를 대행한다.

제7조 (회의)

① 시민의회의 회의는 정기회의와 임시회의로 구분하며 정기회의는 월 1회 개최하고 임시회의는 시민의회 의장이 필요하다고 인정하는 때와 위원 5분의 1 이상의 요구가 있을 때 개최할 수 있다.

② 시민의회의 회의는 이 법에 특별한 규정이 없는 한 재적위원 과반수의 출석과 출석위원 과반수의 찬성으로 의결한다. 가부동수인 때에는 부결된 것으로 본다.

③ 시민의회의 회의는 공개한다.

④ 제1항부터 제4항까지에서 규정한 사항 외에 시민의회의 회의에 관하여 필요한 사항은 시민의회 규칙으로 정한다.

제8조 (회의록 작성 및 공개)

① 시민의회 의장은 시민의회 회의에 관하여 다음 각 호의 사항을 기재한 회의록을 작성하여야 한다.

　1. 회의 일시 및 장소.

　2. 출석 위원 명단.

3. 부의 안건.

4. 발언 요지.

5. 의결 내용.

6. 그 밖의 주요 논의 사항.

② 제1항에 따라 회의록 작성이 완료된 경우에는 지체없이 홈페이지 등을 통해 공개하여야 한다.

제9조 (분과위원회)

① 시민의회는 그 업무를 효율적으로 수행하기 위하여 기획조정위원회, 의견수렴위원회, 전문·총강위원회, 기본권위원회, 정부형태위원회, 지방자치위원회, 경제위원회, 법제위원회 등의 분과위원회를 둘 수 있다.

② 분과위원회는 위원장과 위원으로 구성하고, 성·연령·지역 등이 골고루 반영되도록 한다.

③ 분과위원회는 위원 상호 간에 의견이 있는 사항에 대하여는 쟁점별 토론을 진행하며 이 토론은 공개되어야 한다.

④ 위원은 2개 이상의 분과위원회의 위원이 될 수 있다.

⑤ 시민의회 의장은 분과위원회의 위원이 될 수 없다.

⑥ 이 법에 규정된 사항 외에 분과위원회의 구성 및 운영 등에 관하여 필요한 사항은 시민의회 규칙으로 정한다.

제10조 (사무국)

① 시민의회의 사무를 처리하기 위하여 사무국을 둔다.

② 사무국에 사무국장 1명을 두되, 사무국장은 시민의회 의장이 지명한 시민의회 부의장이 겸직하고, 시민의회 의장의 지휘를 받아 시민의회의 소관 사무를 관장하며 소속 직원을 지휘·감독한다.

③ 사무국의 정원은 시민의회의 사무를 처리하는 데 충분한 인원이어야 한다.

④ 이 법에 규정된 사항 외에 사무국의 조직 및 운영에 관하여 필요한 사항

은 시민의회 규칙으로 정한다.

제11조 (전문위원)

① 시민의회 의장은 시민의회의 업무를 효율적으로 지원하고 전문적인 조사 및 연구 업무를 수행하기 위하여 필요하다고 인정할 때에는 시민의회에 학계, 사회단체 그 밖에 관련 분야의 전문가를 전문위원으로 둘 수 있다.

② 제1항에 따른 전문위원은 시민의회 의장이 위촉한다.

③ 이 법에 규정된 사항 외에 전문위원에 관하여 필요한 사항은 시민의회 규칙으로 정한다.

제12조 (자문기구)

① 시민의회는 그 업무 수행에 필요한 사항의 자문을 위하여 사회단체가 추천한 자 중에서 시민의회 결의에 따라 자문위원을 위촉할 수 있다.

② 제1항에 따른 자문위원의 위촉 등에 관하여 필요한 사항은 시민의회 규칙으로 정한다.

제13조 (공무원 등의 출석)
시민의회는 그 업무 수행을 위하여 필요하다고 인정하는 경우에는 관계 전문가나 공무원에 대하여 출석을 요청하여 의견을 들을 수 있다.

제14조 (공청회 등)

① 시민의회는 공청회, 설명회, 온라인 의견 수렴 등을 통해 헌법개정에 관한 국민 의견을 적극적으로 반영하여야 한다.

② 공청회를 개최하거나 온라인 의견 수렴을 하는 경우에는 지역별, 성별, 연령별, 직능별 의견을 골고루 수렴하고 소통하도록 하여야 한다.

③ 이 법에 규정된 사항 외에 공청회, 온라인 의견 수렴 등에 관하여 필요한 사항은 시민의회 규칙으로 정한다.

제15조 (헌법개정안의 확정 및 제안)

① 헌법개정안은 재적 시민의회위원 과반수의 출석과 출석위원 3분의 2 이상의 찬성으로 의결하여 확정한다.

② 시민의회 의장은 확정된 헌법개정안을 5일 이내에 국회에 제출하여야 한다.

③ 국회는 제2항에 따라 제출된 헌법개정안을 성실하고 공정하게 심의하여 헌법개정의 발의 여부를 결정한다.

④ 국회는 제2항에 따른 헌법개정안이 접수된 날로부터 60일 이내에 그 처리 결과를 이유 첨부와 함께 시민의회에 통지하여야 한다.

제16조 (존속기간)

① 시민의회의 존속기간은 1년으로 한다.

② 시민의회는 제1항의 기간만료 여부에 관계없이 헌법개정안의 처리 결과를 국회로부터 통보받은 날을 기준으로 15일 이내 해산한다.

③ 시민의회가 제1항의 기간 내에 헌법개정안을 확정하지 못하는 경우에는 국회의장은 1회에 한하여 6개월 범위 내에서 존속기간을 연장할 수 있다.

제17조 (시민의회 위원의 직무 보장)

① 고등학교 이상의 학교의 장은 시민의회 위원으로 직무를 수행하는 학생에 대해서는 그 직무수행 기간을 결석으로 처리하거나 그 직무를 이유로 불리하게 처우하지 못한다.

② 국가기관·지방자치단체의 장 또는 고용주는 소속 공무원 또는 소속 임직원이 시민의회 위원으로 직무를 수행하는 때에는 그 직무수행 기간을 휴무로 처리하거나 그 직무를 이유로 불리하게 처우하지 못한다.

제18조 (실비지급) 시민의회 위원, 전문위원, 회의에 출석한 전문가 등에 대하여

는 예산의 범위 내에서 수당 및 여비 등을 지급할 수 있다.

부칙

제1조 (시행) 이 법은 공포한 날로부터 시행한다.